KU-585-882

R H A G A I R

Cyfrannodd llu o bobl i'r eirfa hon. Mae llawer gormod ohonynt i'w nodi yma, ond carwn ddiolch yn ddiffuant iddynt oll. Mae fy nyled yn fawr i aelodau'r Gweithgor a fu'n adolygu ac yn ehangu'r eirfa, sef

Paul Birt,	Cyfieithydd Academaidd Coleg Prifysgol Gogledd Cymru
Eirianwen Davies	Arweinydd Tîm, Cyngor Sir Dyfed
Huw Myrddin ap Iorweth	Uwchweithiwr Cymdeithasol Cyngor Sir Gwynedd
Yr Athro Gwyn Thomas	Coleg Prifysgol Gogledd Cymru
Nia Ellis Williams	Gweithiwr Cymdeithasol Cyngor Sir Gwynedd

Cefais gymorth gan aelodau'r Ysgol Astudiaethau Trwy'r Gymraeg, Coleg Prifysgol Gogledd Cymru, Bangor. Diolchaf iddynt oll, ond yn arbennig felly Dr. Bruce Griffiths am ei sylwadau gwerthfawr.

Cafwyd y termau therapi lleferydd gan Nerys Owen a'r rhai therapi gwaith gan Hannah Davies. Diolch i'r ddwy.

Diolch i Lena Rhys am ei gwaith hir ac amyneddgar yn teipio'r gyfan yn barod i'r argraffu.

Diolch yn olaf i'r Gweithgor Trefnu Cyrsiau Cymraeg i Weithwyr Cymdeithasol am awgrymu paratoi'r eirfa yn y lle cyntaf, ac i'r Bwrdd Gwybodau Celtaidd am noddi ei chyhoeddi.

Hywel Williams
Canolfan Ymarfer Gwaith Cymdeithasol Gogledd Cymru

Bangor   Gorffennaf 1988

Cydnabyddir nawdd Pwyllgor Cymru BASW tuag at gostau'r gweithgor

	Byrfoddau	**Abbreviations**
(a.)	ansoddair	adjective
(e.b.)	enw benywaidd	feminine noun
(e.g.)	enw gwrywaidd	masculine noun
/	yr un ystyr â	the same meaning as
;	ystyr gwahanol	a different meaning
[ ]	esboniad	explanation

CYMRAEG - SAESNEG

WELSH - ENGLISH

A

absenoliaeth (e.b.)(-au)	absenteeism
achos (e.g.)(-ion)	case
achos brys (e.g.) (achosion brys)	emergency
adborth (e.g.) (-ion)	feedback
ad-daliad (e.g.)(-au)	rebate
ad-daliad treth (e.g.) (ad-daliadau treth)	rate rebate
ad-drefnu	rationalize
adeiladwyd i bwrpas	purpose built
adferiad (e.g.)(-au)	rehabilitation
adlewyrchu	reflect
adnoddau	resources
adolygiad (e.g.)(-au)	review
adolygiad achos (e.g.) (adolygiadau achos)	case review
adolygiad statudol (e.g.) (adolygiadau statudol)	statutory review
adran gwanasnaethau cymdeithasol (e.b.)	social services department
Adran Iechyd a Nawdd Cymdeithasol (e.b.)	Department of Health and Social Security
adroddiad hanes achos (e.g.) (adroddiadau hanes achos)	case history report
adroddiad hanes cymdeithasol (e.g.) (adroddiadau hanes cymdeithasol)	social history report
adroddiad llys (e.g.) (adroddiadau llys)	court report

adroddiad ymchwiliad cymdeithasol (e.g.) (adroddiadau ymchwiliad cymdeithasol)	social inquiry report
adwaith (e.g.)(adweithiau)	reaction
adwaith galar (e.g.) (adweithiau galar)	grief reaction
adweithiol	reactive
addasiad (e.g.)(-au)	adaptation
addasu ymddygiad (e.g.)	behaviour modification
addfwyn	benign
addysg iechyd (e.b.)	health education
addysg ryw (e.b.)	sex education
addysgol is-normal	educationally sub-normal
aeddfed	mature
aeddfediad (e.g.)	maturation
afiechyd marwol (e.g.) (afiechydon marwol)	terminal illness
afiechyd meddwl (e.g.) (afiechydon meddwl)	mental illness
aflonydd	restless
afresymol	irrational
affasia (e.g.)	aphasia
agosatrwydd (e.g.)	intimacy
agwedd (e.b.)(-au)	attitude
ailgyfeiriad (e.g.) (ailgyfeiriadau)	re-referral
angen (e.g.)(anghenion)	need
angen gofal a nawdd arno/arni	in need of care and protection
anghadwraethol	non custodial
anghenion	requirements

4

anghofio mympwyol	elective amnesia
anghydnaws	incompatible
anghyfeiriol	non-directive
anghyflogadwy	unemployable
anghyfrannol	non-contributory
anghyfreithlon	illegitimate
anghyfreithlondeb (e.g.)	illegitimacy
alcoholiaeth (e.b)	alcoholism
alcoholig (a. & e.b.g.) (alcoholigion)	alcoholic
alergedd (e.g.)(-au)	allergy
almonwr (e.g.) /almonwraig (e.b.) (almonwyr)	almoner
allblyg	extrovert
ambiwlans (e.g.) (ambiwlansys)	ambulance
amcan (e.g.)(-ion)	goal; objective
amddifad o fam	maternal deprivation
amddifadiad (e.g.) (amddifadiadau)	deprivation
amddifadiad cymdeithasol (e.g.) (amddifadiadau cymdeithasol)	social deprivation
amddifadiad emosiynol (e.g.) (amddifadiadau emosiynol)	emotional deprivation
amddifadiad niferus (e.g.) (amddifadiadau niferus)	multiple deprivation
amddifadiad o'r cychwyn (e.g.)	privation
amddifadus	deprived
amenedigol	peri-natal
amgylchedd (e.g.)(-au)	environment
amlder cysylltiadau (e.g.)	frequency of contact

amrediad oed (e.g.) (amrediadau oed)	age range
amrywiaeth (e.b.)(-au)	diversity
anabledd (e.g.)	disability
anabledd corfforol (e.g.) (anableddau corfforol)	physical disability
anaeddfed	immature
anaf nad yw'n ddamweiniol(e.g.) (anafiadau nad ydynt yn ddamweiniol)	non-accidental injury
anaf corfforol (e.g.) (anafiadau corfforol)	physical injury
anfantais (e.b.) (anfanteision)	handicap
anfantais gorfforol (e.b.) (anfanteision corfforol)	physical handicap
anfantais feddyliol (e.b.)	mental handicap
anfon i'r ysbyty	hospitalise
anffrwythlondeb (e.b.)	infertility
anhrefnus	chaotic
anhunanoldeb (e.g.)	altruism
anhwylder meddwl	mental disorder
anhwylder personoliaeth(e.g.) (anhwylderau personoliaeth)	personality disorder
anhyblyg	inflexible
anhydrin	intractable
anllythrennedd (e.g.)	illiteracy
anllythrennog	illiterate
annhegwch (e.g.)	inequality
anniben	disorganised
annigonol	inadequate
annormal	abnormal

ansad	unstable
ansadrwydd (e.g.)	instability
ansefydlogrwydd (e.g.)	instability
ansicrwydd emosiynol (e.g.)	emotional insecurity
ansoddol	qualitative
anwedduster (e.g.) (anweddusterau)	indecency
anwedduster garw (e.g.) (anweddusterau garw)	gross indecency
anwyldeb (e.g.)	affection
anymatalaeth (e.b.)	incontinence
anymwybodol	unconscious
apathi (e.g.)	apathy
apwyntiad (e.g.)(-au)	appointment
araf	retarded
arafwch (e.g.)	retardation
arbenigaeth (e.b.)(-au)	specialisation
arbenigwr (e.g.) (arbenigwyr)	specialist
argyfwng (e.g.) (argyfyngau)	crisis
argymell	recommend
argymhelliad (e.g.) (argymhellion)	recommendation
arloesiad (e.g.)(-au)	innovation
arloesol	innovatory
arolygiaeth (e.b.)	supervision
Arolygiaeth Gwasanaethau Cymdeithasol (e.b.)	Social Services Inspectorate
arolygwr (e.g.) (arolygwyr)	supervisor

arolygwr astudio (e.g.) (arolygwyr astudio)	study supervisor
arolygwr y gronfa gymdeithasol (e.g.) (arolygwyr y gronfa gymdeithasol)	social fund inspector
arweinydd (e.g.) (arweinyddion)(arweinwyr)	leader
arweinydd tîm (e.g.) (arweinyddion tîm)	team leader
arwydd (e.g.) (arwyddion)	indicator
arwyddocâd (e.g.)	significance
arwyddocaol	significant
ar ei ben ei hun	isolated
asesiad (e.g.)(-au)	assessment
asesiad cymdeithasol (e.g.) (asesiadau cymdeithasol)	social assessment
asiantaeth (e.b.) (-au)	agency
asiantaeth fabwysiadu (e.b) (asiantaethau mabwysiadu)	adoption agency
astudiaeth achos (e.b.) (astudiathau achos)	case study
at bwrpas	functional
atafael enillion (e.g.)	attachment of earnings
atal cenhedlu	contraception
ataliad (e.g.)(-au)	deterrent; inhibition
ataliad arno/arni (e.g.)	inhibited
atchweliad (e.g.)(-au)	regression
atebolrwydd (e.g.)	accountability
Ategiad Incwm (e.g.)	Income Support
atgoffa o realaeth	reality orientation
atgyfnerthiad (e.g.) (atgyfnerthiadau)	reinforcement

atgyfnerthiad cadarnhaol (e.g.) (atgyfnerthiadau cadarnhaol)	positive reinforcement
atgyfnerthiad negyddol (e.g.) (atgyfnerthiadau negyddol)	negative reinforcement
atgyfnerthu	reinforce
Atodiad Budd-dal Tai (e.g.)	Housing Benefit Supplement
Atodiad Incwm Teulu (e.g.)	Family Income Supplement
athro ymarfer (e.g.) (athrawon ymarfer)	practice teacher
awdurdod (e.g.)(-au)	authority
awdurdod cyfreithiol (e.g.)	jurisdiction
awdurdod iechyd dosbarth (e.g.) (awdurdodau iechyd dosbarth)	district health authority
awdurdod lleol (e.g.) (awdurdodau lleol)	local authority
awdurdodol	authoritative
awdurdodus	authoritarian
awtistiaeth (e.b.)	autism
awtistig	autistic

B

baban (e.g.)(-od)	baby
babandod	babyhood
babanladdiad (e.g.) (babanladdiadau)	infanticide
bagl (e.b.)(-au)	crutch
bagl penelin (e.b.) (baglau penelin)	elbow crutch
baldordd (e.g.)	babble

barbitiwrad (e.g.)	barbiturate
bathodyn parcio i'r anabl (e.g.) (bathodynnau parcio i'r anabl)	disabled parking badge
beichiog	pregnant
beichiogrwydd (e.g.)	pregnancy
blacmel emosiynol	emotional blackmail
blaenoriaeth (e.b.) (-au)	priority
blwch torri bara (e.g.) (blychau torri bara)	bread cutting box
blwydd-dâl pensiwn (e.g.)	superannuation
blwyddyn gyfrannu (e.b.) (blynyddoedd cyfrannu)	contribution year
bod yn glaf diglefyd	playing a sick role
bod yn gyfaill	befriend
boddhad (e.g.)	satisfaction; gratification
boddhad gohiriedig (e.g.)	deferred gratification
boddhad parod (e.g.)	instant gratification
boddhaol	satisfying
Bonws Nadolig (e.g.)	Christmas Bonus
bord bath (e.b.) (bordiau bath)	bath board
Braille	Braille
brawd neu chwaer (brodyr neu chwiorydd)	sibling
bregus	frail
budd-dal (e.g.) (budd-daliadau)	benefit
Budd-dal Analluedd (e.g.)	Invalidity Benefit
Budd-dal Atodol (e.g.) (Budd-daliadau Atodol)	Supplementary Benefit
Budd-dal Diweithdra (e.g.)	Unemployment Benefit

Budd-dal Graddedig Ymddeol(e.g.)	Graduated Retirement Benefit
Budd-dal Mamolaeth (e.g.)	Maternity Benefit
Budd-dal Mawrolaeth Ddiwydiannol (e.g.)	Industrial Death Benefit
Budd-dal Plant (e.g.) (Budd-daliadau Plant)	Child Benefit
Budd-dal Salwch (e.g.)	Sickness Benefit
Budd-dal Tai (e.g.)	Housing Benefit
Budd-dal Un Rhiant (e.g.)	One Parent Benefit
Budd-daliadau Gwragedd Gweddwon (e.g.)	Widows' Benefits
bwch dihangol (e.g.) (bychod dihangol)	scapegoat
bwli (e.g.)(-s)	bully
bwrdd codi a gostwng (e.g.) (byrddau codi a gostwng)	cantilever table
bwyd (e.g.)	diet
bwyd arbennig (e.g.)	special diet
bwydydd lles	welfare foods
bydwraig (e.b.) (bydwragedd)	midwife
byddar	deaf
byddardod (e.g.)	deafness
byrbwyll	impulsive

C

cadair-gefn-uchel (e.b.) (cadeiriau-cefn-uchel)	geriatric chair
cadair olwyn (e.b.) (cadeiriau olwyn)	wheelchair

cadw ar wahân	segregation
cadw dan sylw	observation
cadw golwg	monitor; monitoring
cadw yn y clyw	auditory retention
cadwraeth (e.b.)	custody
cadwraeth pobl ifainc (e.b.)	youth custody
cadwraethol	custodial
caeth	addicted
caeth (e.g.)(-ion)	addict
caeth i'r tŷ	housebound
caethiwed (e.g.)	addiction
cais (e.g.)(ceisiadau)	claim
cais drosto ei hun (e.g.)	self-referral
cam-drin plentyn yn rhywiol	child sexual abuse
camdriniaeth emosiynol (e.b.) (camdriniaethau emosiynol)	emotional abuse
camdriniaeth rywiol (e.b.) (camdriniaethau rhywiol)	sexual abuse
camddefnyddio toddynion	solvent abuse
camddefnydd o gyffuriau (e.g.)	drug abuse
camddefnydd o alcohol (e.g.)	alcohol abuse
camweinyddu	maladministration
cancr (e.g.) (-au)	cancer
canlyniad (e.g.)(-au)	consequence
canllaw (e.b.)(-iau)	guideline
canllaw fach (e.b.) (canllawiau bach)	grab rail
canllaw doiled (e.b.) (canllawiau toiled)	toilet rail
canol oed	middle age

canolbwynt (e.g.) (canolbwyntiau)	pivot
canolfan adnoddau (e.b.) (canolfannau adnoddau)	resource centre
canolfan adnoddau iechyd meddwl (e.b.) (canolfannau adnoddau iechyd meddwl)	mental health resource centre
canolfan asesu (e.b.) (canolfannau asesu)	assessment centre
canolfan bresenoli (e.b.) (canolfannau presenoli)	attendance centre
canolfan dderbyn (e.b.) (canolfannau derbyn)	reception centre
canolfan ddydd (e.b.) (canolfannau dydd)	day centre
canolfan gadw (e.b.) (canolfannau cadw)	remand centre; detention centre
canolfan gadwraeth pobl ifainc (e.b.) (canolfannau cadwraeth pobl ifainc)	youth custody centre
Canolfan Waith (e.b.) (Canolfannau Gwaith)	Jobcentre
canolfan gyfraith (e.b.) (canolfannau cyfraith)	law centre
canolfan gyfraith leol (e.b.) (canolfannau cyfraith lleol)	neighbourhood law centre
Canolfan Gynghori (e.b.) (Canolfannau Cynghori)	Citizens Advice Bureau
canolfan gymdogaeth (e.b.) (canolfannau cymdogaeth)	neighbourhood centre
canolfan gymuned (e.b.) (canolfannau cymuned)	community centre
canolfan hyfforddi (e.b.) (canolfannau hyfforddi)	training centre
canolfan hyfforddi oedolion (e.b.) (canolfannau hyfforddi oedolion)	adult training centre

canolfan iechyd (e.b.) (canolfannau iechyd)	health centre
canolfan iechyd meddwl cymuned (e.b.) (canolfannau iechyd meddwl cymuned)	community mental health centre
canolfan offer (e.b.) (canolfannau offer)	appliance centre
canolfan taro heibio (e.b.) (canolfannau taro heibio)	drop-in centre
canolog	pivotal
canser (e.g.)	cancer
carchar (e.g.)(-au)	prison
carchar agored (e.g) (carcharau agored)	open prison
carchar didoli (e.g.) (carcharau didoli)	dispersal prison
carchar diogelwch eithaf (e.g.) (carcharau diogelwch eithaf)	maximum security prison
carchar lleol (e.g.) (carcharau lleol)	local prison
carfan dwyn pwysau (e.b.) (carfanau dwyn pwysau)	pressure group
cariad mam (e.g.)	maternal love
cartref (e.g.)(-i)	domicile
cartref cymuned (e.g.) (cartrefi cymuned)	community home
cartref gofal preswyl (e.g.) (cartrefi gofal preswyl)	residential care home
cartref gwella (e.g.) (cartrefi gwella)	convalescent home
cartref hen bobl (e.g.) (cartrefi hen bobl)	elderly persons home
cartref henoed (e.g.) (cartrefi henoed)	old people's home
cartref maeth (e.g.) (cartrefi maeth)	foster home

cartref preifat i'r henoed (e.g.) (cartrefi preifat i'r henoed)	private home for the elderly
cartref ymgeledd (e.g.) (cartrefi ymgeledd)	nursing-home
cartref ymgeledd meddwl (e.g.) (cartrefi ymgeledd meddwl)	mental nursing home
cartrefi lloches	sheltered housing
cartrefi rhanbarthol	regional homes
casineb (e.g.)	antagonism
catharsis (e.g.)	catharsis
cefnogaeth (e.b.)	support
cefnogaeth gymdeithasol (e.b.)	social support
ceidwad (e.g.)(ceidwaid)	custodian
celwydd golau (e.g.) (celwyddau golau)	white lie
cerdyn apwyntiad (e.g.) (cardiau apwyntiad)	appointment card
cerddediad (e.g.)	gait
cewyn (e.g.) (cewynnau)	nappy
ci tywys (e.g.) (cŵn tywys)	guide-dog
cilfantais (e.b.) (cilfanteision)	fringe benefit
claf allan (e.g.) (cleifion allan)	out-patient
claf dan orchymyn (e.g.) (cleifion dan orchymyn)	detained patient
claf gwirfoddol (e.g.) (cleifion gwirfoddol)	voluntary patient
claf preswyl (e.g.) (cleifion preswyl)	in-patient

clais (e.g.)(cleisiau)	bruise
clefyd gwenerol (e.g.) (clefydau gwenerol)	venereal disease
clefyd y galon (e.g.)	heart disease
client (e.g.)(-au)	client
client yn penderfynu drosto'i hun	client self-determination
clinig (e.g.)(-au)	clinic
clinig seiciatryddol (e.g.) (clinigau seiciatryddol)	psychiatric clinic
cloriannu	evaluate
cludiant cyhoeddus (e.g.)	public transport
clwb cinio (e.g.) (clybiau cinio)	lunch club
clwb cymdeithasol (e.g.) (clybiau cymdeithasol)	social club
clwb pobl ifainc (e.g.) (clybiau pobl ifainc)	youth club
clwt (e.g.)(clytiau)	nappy
clymau dwbwl	double bind
clymu	bonding
côd ymarfer (e.g.) (codau ymarfer)	code of practice
cofnodi tra manwl	process recording
cofnodion achos (e.g.)	case recording
cofrestr (e.b.)(-au)	register
cofrestr plant a gamdrinir (e.b.) (cofrestrau plant a gamdrinir)	child abuse register
colled (e.b.)(-ion)	loss
colli plentyn	miscarriage
coma (e.g.) (comâu)	coma

Comisiwn Gwasanaethau'r Gweithlu (e.g.)	Manpower Services Commission
Comisiwn Iechyd Meddwl (e.g.)	Mental Health Commission
Comisiwn Nawdd Cymdeithasol (e.g.)	Social Security Commission
Comisiynwr Elusen (e.g.) (Comisiynwyr Elusen)	Charity Commissioner
condom (e.g.)(-au)	condom
contract [cyfreithiol]	contract
corffolaeth (e.b.)	build
cors dlodi (e.b.)	poverty trap
cosb (e.b.)(-au)	punishment
cosbol	punitive
credo (e.b.)(credoau)	belief
Credyd Teulu (e.g.)	Family Credit
crefft y fam (e.b.)	mothercraft
creulondeb (e.g.)(-au)	cruelty
creulonder (e.g.)(-au)	cruelty
criw (e.g.)(-iau)	gang
cronig	chronic
crwydryn (e.g.)(crwydriaid)	vagrant
crynodeb (e.g.)(-au)	summary
cudd	latent
cwest (e.g.)(-au)	inquest
cwestiwn awgrymus (e.g.) (cwestiynau awgrymus)	loaded question
cwestiwn caeëdig (e.g.) (cwestiynau caeëdig)	closed question
cwestiwn penagored (e.g.) (cwestiynau penagored)	open question
cwlwm (e.g.)(clymau)	bond

cwricwlwm ymarfer (e.g.)	practice curriculum
cyd-dwyllo	collusion
cyd-foddhaol	mutually satisfying
cyd-fyw	cohabitation
cyd-gefnogaeth (e.b.)	mutual support
cyd-gynllunio gofal	joint care planning
cydnaws	compatible
cydraddoldeb (e.g.) cydweddu	equality matching
cydweithiwr (e.g.) (cydweithwyr)	co-worker
cydweddu ymddygiad (e.g.)	behaviour matching
cydweithrediad (e.g.)	co-operation
cydwybod (e.b.)(-au)	conscience
cydymdeimlad (e.g.)	sympathy
cydymffurfio	conform
cydymffurfio â deddf	compliance with a law
cyfaddefiad (e.g.)(-au)	confession
cyfaill gwirfoddol (e.g.) (cyfeillion gwirfoddol)	befriender
cyfaniaeth (e.b.)	holism
cyfannol	holistic
cyfarwyddo	counsel
cyfarwyddo genetig	genetic counselling
cyfarwyddo plant a theuluoedd	child and family guidance
cyfarwyddo ynghylch dyledion	debt counselling
cyfarwyddwr (e.g.)(-wyr)	counsellor
cyfarwyddwr cynorthwyol (e.g.) (cyfarwyddwyr cynorthwyol)	assistant director

cyfarwyddwr gwasanaethau cymdeithasol (e.g.) (cyfarwyddwyr gwasanaethau cymdeithasol)	director of social services
cyfarwyddwr priodas (e.g.) (cyfarwyddwyr priodas)	marriage guidance counsellor
cyfarwyddyd galwedigaethol(e.g.)	vocational guidance
cyfarwyddyd priodas (e.g.)	marriage guidance
cyfathrach ddi-eiriau (e.b.)	non verbal communication
cyfathrach rywiol (e.b.)	sexual intercourse
cyfathrach rywiol anghyfreithlon (e.b.)	unlawful sexual intercourse
cyfathrebiad (e.g) (-au)	communication
cyfathrebu	communicate
cyfeiliornad (e.g.) (cyfeiliornadau)	aberration
cyfeireb (e.b.) (cyfeirebau)	referral form
cyfeiriad (e.g.) (cyfeiriadau)	referral
cyfeiriol	directive
cyfeiriwr (e.g.) (cyfeirwyr)	referrer
cyfieithiad (e.g.)(-au)	translation
cyfle cyfartal (e.g.)	equal opportunity
cyflwr o bryder (e.g.) (cyflyrau o bryder)	anxiety state
cyfnewidiol	variable
cyfoed (e.g.)(-ion)	peer
cyfradd budd-dal (e.b.) (cyfraddau budd-dal)	benefit rate
cyfradd sefydlog (e.b.) (cyfraddau sefydlog)	flat rate

cyfradd dymor hir (e.b.) (cyfraddau tymor hir)	long term rate
cyfraith (e.b.)(cyfreithiau)	law
cyfraith droseddau (e.b.) (cyfreithiau troseddau)	criminal law
cyfraniad graddedig (e.g.) (cyfraniadau graddedig)	graduated contribution
cyfraniad y cyflogedig (e.g.) (cyfraniadau'r cyflogedig)	employee's contribution
cyfraniad y cyflogwr (e.g.) (cyfraniadau'r cyflogwyr)	employer's contribution
cyfranogi	participation
cyfredol	on going
cyfreithiwr (e.g.) (cyfreithwyr)	lawyer
cyfreithlon	legitimate
cyfrifoldebau cartref	home responsibilities
cyfrinachedd (e.g.)	confidentiality
cyfrinachol	confidential
cyfryngwr (e.g.) (cyfryngwyr)	broker; mediator
cyfundrefn (e.b.)(-au)	regime
cyfundrefn gefnogi (e.b.) (cyfundrefnau cefnogi)	support system
cyfundrefn gredu (e.b.) (cyfundrefnau credu)	belief system
cyfundrefn docynnau (e.b.) (cyfundrefnau tocynnau)	token economy system
cyfweliad (e.g.)(-au)	interview
cyfweliad cyntaf (e.g.) (cyfweliadau cyntaf)	initial interview
cyfweliad un ac un (e.g.) (cyfweliadau un ac un)	one to one interview
cyfyngedig	limited
cyfyngiad (e.g.)(-au)	limitation

cyffur (e.g.)(-iau)	drug
cyffur iselder (e.g.) (cyffuriau iselder)	antidepressant [drug]
cyffur trwm (e.g.) (cyffuriau trwm)	hard drug
cyffur ysgafn (e.g.) (cyffuriau ysgafn)	soft drug
cyngor (e.g.)(cynghorion)	advice
Cyngor Cyfarwyddo Priodas (e.g.)	Marriage Guidance Council
cyngor cyfreithiol (e.g.)	legal advice
cyngor cymuned (e.g.) (cynghorau cymuned)	community council
Cyngor Canolog Addysg a Hyfforddiant mewn Gwaith Cymdeithasol	Central Council for Education and Training in Social Work
Cyngor dros Gydraddoldeb Hiliol (e.g.)	Commission for Racial Equality
Cyngor Gweithredu Gwirfoddol Cymru (e.g.)	Wales Council for Voluntary Action
cyngor iechyd cymuned (e.g.) (cynghorau iechyd cymuned)	community health council
cylch oes (e.g.)	life cycle
cyllido ar y cyd	joint financing
cyllyll a ffyrc arbennig	adapted cutlery
cymathu	assimilate
cymathiad (e.g.)	assimilation
cymdeithas (e.b.)(-au)	society
cymdeithas dai (e.b.) (cymdeithasau tai)	housing association
cymdeithas fabwysiadu (e.b.) (cymdeithasau mabwysiadu)	adoption society
cymdeithas gyfeillion (e.b.) (cymdeithasau cyfeillion)	league of friends

21

cymdeithas wirfoddol (e.b.) (cymdeithasau gwirwoddol)	voluntary organisation; voluntary society
cymdeithasgar	gregarious
cymdeithasoli	socialisation
cymdogaeth (e.b.) (cymdogaethau)	neighbourhood
cymeriad (e.g.)(-au)	character
cymhelliad (e.g.) (cymhellion)	motive
cymhelliant (e.g.) (cymelliannau)	motivation
cymhorthdal (e.g.) (cymorthdaliadau)	subsidy
cymwysedig	qualified
cymorth (e.g.)	aid
cymorth bath (e.g.) (cymhorthion bath)	bath aid
cymorth cartref (e.g.) (cymhorthion cartref)	home help
cymorth cerdded (e.g.) (cymhorthion cerdded)	walking aid
cymorth clyweled (e.g.) (cymhorthion clyweled)	audiovisual aid
cymorth cyfreithiol (e.g.)	legal aid
Cymorth i Fenywod yng Nghymru (e.g.)	Welsh Women's Aid
cymorth gwisgo sanau (e.g.) (cymhorthau gwisgo sanau)	stocking aid
cymorth materol (e.g.)	material help
cymorth trefol (e.g.)	urban aid
cymuned (e.b.) (-au)	community
cymuned therapiwtig (e.b.) (cymunedau therapiwtig)	theraputic community
cymysglyd	confused

cynamserol	premature
cynefino	acclimatise
cynfas sy'n dal dŵr (cynfasau sy'n dal dŵr)	waterproof sheet
cyn geni	pre-natal; ante-natal
cynhadledd achos (e.b.) (cynadleddau achos)	case conference
cynhaliaeth (e.b.)	maintenance
cynhenid	innate
cynllun achos (e.g.) (cynlluniau achos)	case plan
cynllun chwarae (e.g.) (cynlluniau chwarae)	play scheme
cynllun cymydog da (e.g.) (cynlluniau cymydogion da)	good neighbour scheme
cynllun gofal (e.g.) (cynlluniau gofal)	care plan
cynllun llythrennedd oedolion (e.g.) (cynlluniau llythrennedd oedolion)	adult literacy scheme
cynllun mudo (e.g.) (cynlluniau mudo)	mobility scheme
Cynllun Pensiwn Gwaldol yn ôl Enillion (e.g.)	State Earnings Related Pension Scheme
cynllun triniaeth (e.g.) (cynlluniau triniaeth)	treatment plan
cynnwrf meddwl (e.g.)	mental disturbance
cynorthwywr gofalu (e.g.) (cynorthwywyr gofalu)	care assistant
cyn y mabwysiadu	pre-adoption
cyrhaeddiad (e.g.) (-au) (cyraeddiadau)	achievement
cystadleuaeth (e.b.) (-au)	rivalry
cystodaeth (e.b.) (cystodaethau)	custodianship

cysur (e.g.)	reassurance
cysurlon	reassuring
cyswllt (e.g.)(cysylltiadau)	relationship
cysylltiad (e.g.) (-au)	liaison
cytundeb (e.g.) (-au)	contract
cythrwfl emosiynol (e.g.)	emotional disturbance

CH

chwaer (e.b.)(chwiorydd)	sister
chwalu priodas	breakdown of marriage
chwarae rhan	role play
chwarae symbolig (e.g.)	symbolic play
chwistrell (e.b.)(-au)	syringe

D

dadansoddi trafodaethau	transactional analysis
dadansoddiad (e.g.)(-au)	analysis
dadwenwyno	detoxicate
dalfa (e.b.)	custody
dall	blind
darpariaeth gwasanaeth (e.b.)	service provision
datblygiad (e.g.) (datblygiadau)	development
datblygiad cymuned (e.g.) (datblygiadau cymuned)	community development
datblygiad meddwl (e.g.)	mental development

datblygiad plentyn (e.g.)	child development
datblygiad priodol (e.g.)	proper development
datblygiadol	developmental
datganiad (e.g.) (-au)	statement
datganoli	decentralisation
deallusrwydd (e.g.)	intelligence
dechrau (e.g.)	onset
deddf (e.b.) (-au)	law
Deddf Ailsefydlu Troseddwyr (e.b.)	Rehabilitation of Offenders Act
Deddf Camddefnydd Cyffuriau (e.b.)	Misuse of Drugs Act
Deddf Cyfiawnder am Droseddau (e.b.)	Criminal Justice Act
Deddf Cysylltiadau Hiliol(e.b.)	Race Relations Act
Deddf Iechyd Meddwl (e.b.)	Mental Health Act
Deddf Fabwsiadu '76 (e.b.)	Adoption Act '76
Deddf Plant (e.b.)	Children Act
Deddf Plant a Phobl Ifainc (e.b.)	Children and Young Persons Act
Deddf Troseddau Rhywiol (e.b.)	Sexual Offences Act
Deddf y Cleifion Cronig a'r Rhai Anabl (e.b.)	Chronically Sick and Disabled Persons Act
Deddf y Tlodion (e.b.)	Poor Law
Deddf yr Iaith Gymraeg 1967 (e.b.)	Welsh Language Act 1967
dedfryd (e.b.)(-au)	verdict
dedfryd ohiriedig (e.b.) (dedfrydau gohiriedig)	suspended sentence
deinameg grŵp (e.g.)	group dynamics
deinameg teulu (e.g.)	family dynamics

deiseb ysgaru (e.b.) (deisebau ysgaru)	divorce petition
deliriwm (e.g.)	delirium
deliriwm tremens (e.g.)	delirium tremens
delwedd (e.b.)(-au)	image
dementia (e.g.)	dementia
derbyn i ofal	receive into care
derbynfa (e.b.) (derbynfeydd)	reception
derbyniad (e.g.)(-au)	admission; acceptance
derbyniad anffurfiol (e.g.) (derbyniadau anffurfiol)	informal admission
derbyniad ffurfiol (e.g.) (derbyniadau ffurfiol)	formal admission
derbyniad gorfodol (e.g.) (derbyniadau gorfodol)	compulsory admission
derbyniad gwirfoddol (e.g.) (derbyniadau gwirfoddol)	voluntary admission
derbyniad i ofal (e.g.) (derbyniadau i ofal)	reception into care
derbynnydd (e.g.) (derbynyddion)	receptionist
deuoliaeth teimlad (e.b.)	ambivalence
dianc	abscond
di-blant	childless
dibersonoli (e.g.)	depersonalization
dibreswyl	non-residential
dibyniaeth (e.g.)	dependency
dibyniaeth ar gyffuriau (e.b.)	drug dependency
dibyniaeth gorfforol (e.b.)	physical dependance
dibyniaeth seicolegol (e.b.)	psychological dependance
dibynnol	dependent

dibynnydd(e.g.)(dibynyddion)	dependant
dicter (e.g.)	anger
didolwr (e.g.)(didolwyr)	gate-keeper
di-drais	non-violent
di-drefn	chaotic
diddyfnu	wean
diengyd	abscond
dieithrio	alienate
diet (e.g.)(-au)	diet
dietydd (e.g.)(-ion)	dietician
dieuog [cyfreithiol]	innocent
difaterwch (e.g.)	apathy
di-fedr	unskilled
difrifol	acute
diffyg (e.g.)(-ion)	deficiency/shortfall
diffyg cynnydd (e.g.)	failure to thrive
diffyg maeth (e.g.)	malnutrition
diffyg rhywiol (e.g.) (diffygion rhywiol)	sexual dysfunction
diffyg ymaddasiad (e.g.)	maladjustment
digadwraeth	non custodial
digartref	homeless
digyfnewid	non variable
di-lid [salwch]	benign
diniwed	innocent
dinoethi anweddus	indecent exposure
diofalwch (e.g.)	neglect
diogelu eiddo	protection of property
direswm	irrational

dirfodaeth (e.b.)	existentialism
dirnadaeth (e.b.)	discrimination
dirprwy (e.g.)(-on)	deputy; substitute
dirprwyo	delegate; substitute
dirwy (e.b.)(-on)	fine
dirymu	revoke
dirymiad (e.g.)	renovation
dirywiad (e.g.) (dirywiadau)	deterioration
dirywiad meddyliol (e.g.)	mental deterioration
di-sgil	unskilled
disgwyliad (e.g.)(-au)	expectation
diswyddaeth (e.b.)(-au)	redundancy
diweddaru	update
di-waith	unemployed
diwylliant (e.g.) (diwylliannau)	culture
dod i ben	cope
dod i lawr yn y byd <u>neu</u> dod yn ei flaen yn y <u>byd</u>	social mobility
dogn angheuol (e.g.) (dognau angheuol)	fatal dose
dogn gormodol (e.g.) (dognau gormodol)	over-dose
dogni	rationing
dolen gyswllt (e.b.) (dolenni cyswllt)	link person
dolur gwely (e.g.) (doluriau gwely)	bedsore
dôs angheuol (e.g.) (dosau angheuol)	fatal dose
dôs gormodol (e.g.)	over-dose

dosbarth (e.g.)(-iadau)	class
dosbarth canol (e.g.)	middle class
dosbarth cymdeithasol (e.g.) (dosbarthiadau cymdeithasol)	social class
dosbarth gweithiol (e.g.)	working class
dosbarthiad (e.g.) (-au)	allocation
dosbarthu	allocate
dryslyd	confusional
dryswch (e.g.)	dementia
dryswch heneiddio (e.g.)	senile dementia
dull (e.g.)(-iau)	method
dull o fyw (e.g.)	life style
dull o wella (e.g.)	therapist style
dwyn achos am ofal	care proceedings
dwysáu	accentuate
dychmygol	imaginary
dychymyg (e.g.)	imagination
dyfarniad absoliwt (e.g.) (dyfarniadau absoliwt)	decree absolute
dyfarniad nisi (e.g.) (dyfarniadau nisi)	decree nisi
dyletswydd gofal (e.b.)	duty of care
dyletswydd swyddfa (e.b.)	office duty
dynladdiad (e.g.)	manslaughter
dynwared	imitate
dysgu trwy ymarfer	practice learning
dyslecsia (e.g.)	dyslexia
dyspracsia (e.g.)	dyspraxia
dyspracsia lleferydd (e.g.)	verbal dyspraxia
dystroffi'r cyhyrau (e.g.)	muscular dystrophy

E

eclectig	eclectic
ecsema (e.g.)	eczema
effeithiolrwydd (e.g.)	efficiency
egoistig	egoistic
egosentrig	egocentric
ei addasu ei hun/ ei haddasu ei hun (eu haddasu eu hunain)	adjust
eiriolaeth (e.b.)(-au)	advocacy
elusen (e.b.)(-nau)	charity
elusendy (e.g.) (elusendai)	almshouse
emosiwn (e.g.) (emosiynau)	emotion
emosiynol gythryblus	emotionally disturbed
empathi (e.g.)	empathy
enillion therapiwtig	theraputic earnings
enw cyn priodi	maiden name
epilepsi (e.g.)	epilepsy
er mwyn sioe	token
erledigaeth (e.b.)(-au)	victimization
erledigaeth ar unigolyn	victimization
erlid (unigolyn)	victimise
erthyliad (e.g.)(-au)	abortion
erthyliad therapiwtig (e.g.) (erthyliadau therapiwtig)	theraputic abortion
esgeulustod corfforol (e.g.)	physical neglect
esgeulustod (e.g.)	neglect
esgusodiad (e.g.) (esgusodiadau)	exemption

etifeddol	hereditary
ethnig	ethnic
ethnigrwydd (e.g.)	ethnicity
ethnosentrig	ethnocentric
euog	guilty
euogrwydd (e.g.)	guilt

F

fi fawr (e.g.)	egoist

FF

ffafriaeth (e.b.)	favouritism
ffafrio	positive discrimination
ffeil (e.b.)(-iau)	file
ffeministiaeth (e.b.)	feminism
ffoetws (e.g.)(ffoetysau)	foetus
ffigur mam (e.g.)	mother figure
ffigur tad (e.g.)	father figure
ffin dlodi (e.b.)	poverty line
ffoadur (e.g.)(-iaid)	refugee
ffobia (e.g.)(-u)	phobia
ffon drithroed (e.b.) (ffyn trithroed)	tripod walking aid
ffon fer (e.b.) (ffyn byrion)	short cane
ffon hir (e.b.) (ffyn hir)	long cane

31

ffrâm bulpud (e.b.) (fframiau pulpud)	pulpit walking aid
fframwaith (e.g.)	structure
ffurf (e.b.) (-iau)	form
ffurfiant (e.g.)	structure
ffurfiant teulu (e.g.)	family structure
ffurflen (e.b.)(-ni)	form
ffurflen cytundeb rhieni maeth (e.b.) (ffurflenni cytundeb rhieni maeth)	foster parent form of undertaking
ffwndro	dementing
ffwndrus	demented
ffysiotherapi (e.g.)	physiotherapy
ffysiotherapydd (e.g.) (ffysiotherapyddion)	physiotherapist

G

galar (e.g.)	grief
galaru	mourn
gallu (e.g.)(-oedd)	capacity
galluogi	enable
galluogwr (e.g.) (galluogwyr)	enabler
gard plât (e.g.) (gardiau plât)	plate guard
gefail help llaw (e.b.) (gefeiliau help llaw)	helping hand/ hand reacher
geiriol	verbal
gelyniaethus	hostile

gêm ddiddiwedd (e.b.) (gemau diddiwedd)	game without end
genedigaeth (e.b.)(-au)	childbirth
genedigaeth naturiol (e.b.) (genedigaethau naturiol)	natural childbirth
genedigol	natal
generig	generic
genetig	genetic
genyn (e.g.)(-nau)	gene
geriatreg (e.b.)	geriatrics
geriatrig	geriatric
geriatrydd (e.g.)(-ion)	geriatrician
glaslencyndod (e.g.)	puberty
go iawn	authentic
godineb (e.g.)	adultery
goddefgar	tolerant
goddefgarwch (e.g.)	tolerance
goddefol	passive
goddefwr (e.g.) (goddefwyr)	victim
gofal (e.g.)(-on)	care
gofal a chadwraeth (e.g.)	care and custody
gofal a rheolaeth (e.g.)	care and control
gofal am blant (e.g.)	child care
gofal arbennig (e.g.)	special care
gofal bugeiliol (e.g.)	pastoral care
gofal cartref (e.g.)	domiciliary care
gofal dwys (e.g.)	intensive care
gofal dydd (e.g.)	day care
gofal grŵp	group care

gofal gwirfoddol (e.g.)	voluntary care
gofal maeth (e.g.)	foster care
gofal preswyl (e.g.)	residential care
gofal seibiant (e.g.)	respite care
gofal wedyn (e.g.)	after-care
gofal yn y gymuned (e.g.)	community care
gofalwr plant (e.g.) (gofalwyr plant)	child minder
gofalwr nos (e.g.) (gofalwyr nos)	night sitter
goramser (e.g.)	overtime
gor-barticlar	houseproud
gorchwyl (e.b.g.)(-ion)	task
gorchymyn cynnal (e.g.) (gorchmynion cynnal)	maintenance order
gorchymyn cadw allan (e.g.) (gorchmynion cadw allan)	exclusion order
gorchymyn cystodaeth (e.g.) (gorchmynion cystodaeth)	custodianship order
gorchymyn diogelu (e.g.) (gorchmynion diogelu)	place of safety order
gorchymyn gofal (e.g.) (gorchmynion gofal)	care order
gorchymyn gofal priodasol (e.g.) (gorchmynion gofal priodasol)	matrimonial care order
gorchymyn gofal dros dro (e.g.) (gorchmynion gofal dros dro)	interim care order
gorchymyn goruchwylio (e.g.) (gorchmynion goruchwylio)	supervision order
gorchymyn goruchwylio priodasol (e.g.) (gorchmynion goruchwyliad priodasol)	matrimonial supervision order
gorchymyn gwahanu (e.g.) (gorchmynion gwahanu)	separation order

gorchymyn gwasanaeth cymuned (e.g.) (gorchmynion gwasanaeth cymuned)	community service order
gorchymyn gwneud iawn (e.g.) (gorchmynion gwneud iawn)	restitution order
gorchymyn i beidio ag ymyrryd (e.g.) (gorchmynion i beidio ag ymyrryd)	non molestation order
gorchymyn i gadw rhag ymyrryd (e.g.) (gorchmynion i gadw rhag ymyrryd)	non molestation order
gorchymyn mabwysiadu (e.g.) (gorchmynion mabwysiadu)	adoption order
gorchymyn prawf (e.g.) (gorchmynion prawf)	probation order
gorchymyn tadogaeth (e.g.) (gorchmynion tadogaeth)	affiliation order
gorchymyn troi allan (e.g.) (gorchmynion troi allan)	eviction order
gorfodaeth (e.b.)	compulsion; coercion
gorfodi	coerce
gorfodol	mandatory; compulsive
gor-fwytho	overindulge
gor-fywiog	hyperactive
gor-gymhenllyd	houseproud
gorlawn	overcrowded
gorweiddiog	bedridden
gorymateb (e.g.) (gorymatebion)	over-reaction
gorymroi	over-indulge
gorymrwymiad (e.g.) (gorymrwymiadau)	over-involvement
go iawn	authentic

gosod am y gaeaf	winter letting
gosodiad am y gaeaf (e.g.) (gosodiadau am y gaeaf)	winter let
gostyngiad person nad yw'n ddibynnol (e.g.)	non dependant deduction
graddfa dderbyn (e.b.) (graddfeydd derbyn)	take-up rate
graddfa godi (e.b.) (graddfeydd codi)	take-up rate
grand-mal	grand-mal
greddf (e.b.)(-au)	instinct
grŵp (e.g.)(-iau)	group
grŵp cefnogi (e.g.) (grwpiau cefnogi)	support group
grŵp clientau (e.g.) (grwpiau clientau)	client group
grŵp cyfoed (e.g.) (grwpiau cyfoed)	peer group
grŵp chwarae (e.g.) (grwpiau chwarae)	playgroup
grŵp ethnig lleiafrifol (e.g.) (grwpiau ethnig lleiafrifol)	minority ethnic group
grŵp gweithgarwch (e.g.) (grwpiau gweithgarwch)	activity group
grŵp gweithredu (e.g.) (grwpiau gweithredu)	action group
grŵp helpu ei gilydd (e.g.) (grwpiau helpu ei gilydd)	self-help group
grŵp mewnol (e.g.) (grwpiau mewnol)	in-group
grŵp Ti (e.g.) (grwpiau Ti)	T group
gwaeledd (e.g.)	illness
gwaethygu	exacerbate
gwahanedig	isolated

gwahaniaethu	discrimination
gwahaniaethu ar sail rhyw	sexual discrimination
gwahaniad (e.g.) (gwahaniadau)	separation
gwahanrywiol	heterosexual
gwaharddeb (e.b.) (-au)	injunction
gwaith achos (e.g.)	casework
gwaith ataliol (e.g.)	preventive work
gwaith bro (e.g.)	patch system
gwaith cymdeithasol (e.g.)	social work
gwaith cymdeithasol meddygol (e.g.)	medical social work
gwaith cymdeithasol preswyl (e.g.)	residential social work
gwaith cymdeithasol seiciatryddol (e.g.)	psychiatric social work
gwaith cymuned (e.g.)	community work
gwaith grŵp (e.g.)	groupwork
gwaith ieuenctid (e.g.)	youth work
gwaith lloches (e.g.)	sheltered employment
gwaith maes (e.g.)	fieldwork
gwaith o dan gytundeb (e.g.)	contractual work
gwaith tîm (e.g.)	team work
gwallgof	insane/mad
gwallgofrwydd (e.g.)	madness
gwarant (e.b.)(-au)	warrant
gwarant chwilota (e.b.) (gwarantau chwilota)	search warrant
gwarcheidwad (e.g.) (gwarcheidwaid)	guardian
gward (e.g.)(-iau)	ward

gwarchodaeth (e.b.)	wardship
gwarthnod (e.g.)(-au)	stigma
gwarthnodaeth	stigmatization
Gwarcheidwad Ad Litem	Guardian Ad litem
gwarcheidwaeth (e.b.)	guardianship
gwarchod	babysit
gwarchodwr (e.g.)/ gwarchodwraig (e.b.) (gwarchodwyr)	babysitter
gwasanaeth cyflogi ieuenctid (e.g.)	youth employment service
gwasanaeth cymdogaeth (e.g.) (gwasanaethau cymdogaeth)	neighbourhood service
gwasanaeth cymodi (e.g.) (gwasanaethau cymodi)	conciliation service
gwasanaeth gofal nos (e.g.) (gwasanaethau gofal nos)	night sitting service
Gwasanaeth Iechyd Gwladol(e.g.)	National Health Service
gwasanaeth iechyd ysgolion(e.g.)	school health service
gwasanaeth ieuenctid (e.g.)	youth service
gwasanaeth prawf a gofal wedyn (e.g.)	probation and after-care service
gwasanaeth trin traed (e.g.)	chiropody
gwasanaethau cartref	domiciliary services
gwasanaethau cymdeithasol personol	personal social services
gweinyddiaeth (e.b.)(-au)	administration
gweinyddiaeth gymdeithasol(e.b.)	social administration
gweithdy (e.g.)(gweithdai)	workshop
gweithdy lloches (e.g.) (gweithdai lloches)	sheltered workshop
gweithredol	active

gweithiwr allweddol (e.g.) (gweithwyr allweddol)	key worker
gweithiwr cymdeithasol (e.g.) (gweithwyr cymdeithasol)	social worker
gweithiwr cymdeithasol paediatrig (e.g.) (gweithwyr cymdeithasol paediatrig)	paediatric social worker
gweithiwr cymdeithasol wedi ei gymeradwyo (e.g.) (gweithwyr cymdeithasol wedi eu cymeradwyo)	approved social worker
gweithiwr cymuned (e.g.) (gweithwyr cymuned)	community worker
gweithiwr gwirfoddol (e.g.) (gweithwyr gwirfoddol)	voluntary worker
gweithiwr proffesiynol (e.g.) (gweithwyr proffesiynol)	professional [as a noun]
gweithrediadau	proceedings
gweithredol	operational/functional
gweithredu cymunedol	community action
gwely arhosiad hir (e.g.) (gwelyau arhosiad hir)	long-stay bed
gwely dros dro (e.g.) (gwelyau dros dro)	short-stay bed
gwellhad (e.g.)	convalescence
gwerth y dystiolaeth (e.g.)	probative value
gwerthfarn (e.g.)(-au)	value judgement
gwerthfarnu	value judge
gwerthoedd	values
gwewyr esgor (e.g.)	labour-pains
gwireddu	verify
gwirfoddolwr (e.g.) (gwirfoddolwyr)	volunteer
gwladwriaeth les (e.b.)	welfare state

gwlychu gwely	bedwetting
gwneud defnydd	manipulation
gwneud y gorau	optimise
gwobr(e.b.)(-au)	reward
gŵr/gwraig dan hyfforddiant	trainee
gwreiddiau	origins
gwrthdaro diwylliannol (e.g.) (gwrthdrawiadau diwylliannol)	culture conflict
gwrthdaro patrymau ymddwyn (e.g.)	role conflict
gwrthdrawiad (e.g.)(-au)	conflict
gwrthddywediad (e.g.)(-au)	contradiction
gwrthgiliwr (e.g.) (gwrthgilwyr)	drop-out
gwrthod	reject
gwrthod mynd i'r ysgol	school refusal
gwrthodiad (e.g.)	rejection; revocation
gwrthrychedd (e.g.)	objectivity
gwrthryfelgar	rebellious
gwrthwynebiad (e.g.) (-au)	confrontation
gwrywgydiol	homosexual
gwrywgydiwr (e.g.) (gwrywgydwyr)	homosexual
gwybyddol	cognitive
gwyntylliad (e.g.)	ventilation
gwyntyllu	ventilate
gwyrdroad (e.g.) (gwyrdroadau)	perversion
gwyredig (e.g.) (-ion)	deviant
gwyredig (a.)	deviant (a.)

gwyredigaeth (e.b.) (gwyredigaethau)	deviancy
gynaecoleg (e.b.)	gynaecology
gynaecolegydd (e.g.)(-ion)	gynaecologist

H

hamdden (e.g.)	leisure
hanes achos (e.g.) (hanesion achos)	case history
hanes cymdeithasol (e.g.) (hanesion cymdeithasol)	social history
hanner brawd (e.g.) (hanner brodyr)	halfbrother
hanner chwaer (e.b.) (hanner chwiorydd)	halfsister
hawdd ei drin	compliant
hawdd ei frifo	vulnerable
hawddgar	benign
hawl (e.b.)(-iau)	authorisation
hawl gweld (e.b.)	access
hawl i farnu (e.b.) (hawliau i farnu)	discretion
hawl mynediad (e.b.)	right of entry
hawl ymweld (e.b.)	access
hawliau lles	welfare rights
hawliau rhieni	parental rights
hawliau sifil	civil liberties
hawliwr (e.g.) (hawlwyr)	claimant
heb lid [salwch]	benign
heddlu (e.g.)(-oedd)	police

henaint (e.g.)	old age
henoed dryslyd	elderly mentally infirm
hierarchaeth (e.b.)(-au)	hierachy
hierarchaeth anghenion (e.b.)	hierachy of needs
hiliaeth (e.b.)	racism
hiliaeth gyfundrefnol (e.b.)	institutional racism
hiliwr (e.g.) (hilwyr)	racist
hiliol	racist (a)
holiadur (e.g.) (-on)	questionnaire
holwr (e.g.) (holwyr)	interviewer
hollol fyddar	profoundly deaf
hosbys (e.b.) (hosbysau)	hospice
hostel (e.b.) (-i)	hostel
hostel fechnïaeth (e.b.) (hosteli mechnïaeth)	bail hostel
hostel hanner ffordd (e.b.) (hosteli hanner ffordd)	half-way house
hostel y gwasanaeth prawf(e.b.) (hosteli'r gwasanaeth prawf)	probation hostel
hunan (e.g.)	self
hunan-barch (e.g.)	self-esteem
hunanddelwedd (e.b.) (hunanddelweddau)	self image
hunan-ddinistriol	suicidal
hunanfeddiannol	self-controlled
hunan-foddhad (e.g.)	self-gratification
hunan-garwch (e.g.)	self-love
hunan-ganolog	egocentric

hunan-gyflogedig	self-employed
hunan-gyflwyniad (e.g.)	self-presentation
hunan-gynhaliol	self-contained
hunan-hyder (e.g.)	self-confidence
hunaniaeth (e.b.)	identity; selfhood
hunanladdiad (e.g.)	suicide
hunanreolaeth (e.b.)	self-control
hunan-werthusiad (e.g.)	self-evaluation
hunan-ymholiad (e.g.)	self-examination
hunanymwadiad (e.g.)	self-denial
hunanymwybodol	self-conscious
hunanymwybyddiaeth (e.b.)	self-awareness
hur-brynu	hire-purchase
hur-bwrcas	hire-purchase
hwyl (e.b.)(-iau)	mood
hwyliau ansad	mood swings
hwyluswr (e.g.) (hwyluswyr)	facilitator
hyd arhosiad (e.g.)	duration of stay
hyd oes (e.g.)	life span
hydrin	complaint
hydrinedd (e.g.) (-au)	compliance
hyfforddiant cymhwysol	qualifying training
hyfforddiant mewn swydd(e.g.)	in-service training
hyfforddwr (e.g.) (hyfforddwyr)	trainer
hyfforddwr crefft (e.g.) (hyfforddwyr crefft)	craft instructor
hynod	idiosyncratic
hynodrwydd (e.g.)	idiosyncrasy

hypomanig	hypomanic
hypothermia	hypothermia
hysbysywr (e.g.) (hysbyswyr)	informant
hysteria (e.g.)	hysteria

I

iaith fynegiadol (e.g.)	expressive language
iawn (e.g.)	reparation
iawndal (e.g.) (iawndaliadau)	compensation
Iawndal Gweithiwr (e.g.)	Workmen's Compensation
Iawndal Niwed Diwydiannol (e.g.)	Industrial Injury Compensation
iechyd meddwl (e.g.)	mental health
imiwneiddio	immunization
incwm a enillwyd (e.g.)	earned income
incwm heb ei ennill (e.g.)	unearned income
indemniad proffesiynol (e.g.)	professional indemnity
insiwlin (e.g.)	insulin
is-denant (e.g.) (is-denantiaid)	subtenant
is-ddiwylliant (e.g.) (is-ddiwylliannau)	subculture
is-ddiwylliant tramgwyddol(e.g.) (is-ddiwylliannau tramgwyddol)	delinquent sub-culture
iselder (e.g.)(-au)	depression
iselder adweithiol (e.g.)	reactive depression
iselder mewndarddol (e.g.) (iselderau mewndarddol)	endogenous depression
iselder gwallgofus (e.g.)	manic depression

iselder ar ôl geni (e.g.)	puerperal depression
is-grŵp (e.g.) (is-grwpiau)	subgroup
isosod	sublet
is-normal	subnormal
is-normalrwydd difrifol (e.g.)	severe subnormality
isrif cyflog (e.g.)	minimum wage

L

landlord (e.g.) (landlordiaid)	landlord
lefel gynhaliaeth (e.b.) (lefelau cynhaliaeth)	subsistance level
lesbiad (e.b.) (lesbiaid)	lesbian
lesbiaidd (a.)	lesbian (a.)
lifft bath (e.g.) (lifftiau bath)	bath lift
lifft grisiau (e.g.) (lifftiau grisiau)	stair lift
Lwfans Anabledd Difrifol (e.g.)	Severe Disablement Allowance
Lwfans Analluedd (e.g.)	Invalidity Allowance
Lwfans Arbennig Plant (e.g.)	Child's Special Allowance
Lwfans Cynnal Addysgol (e.g.)	Educational Maintenance Allowance
Lwfans Gofal dros yr Analluog (e.g.)	Invalid Care Allowance
Lwfans Gwarcheidwad (e.g.)	Guardian's Allowance
Lwfans Gweini (e.g.)	Attendance Allowance

Lwfans Gweini Parhaol (e.g.)	Constant Attendance Allowance
Lwfans Gwragedd Gweddwon(e.g.)	Widows' Allowance
lwfans maethu (e.g.) (lwfansiau maethu)	fostering allowance
Lwfans Mamolaeth (e.g.)	Maternity Allowance
Lwfans Mamolaeth Gwladol(e.g.)	State Maternity Allowance
Lwfans Mam Weddw (e.g.)	Widowed Mother's Allowance
Lwfans-Symud-o-gwmpas(e.g.)	Mobility Allowance

LL

llanc (e.g.)(-iau)	adolescent (m)
llances (e.b.)(-i)	adolescent (f)
llaweroedd	multiplicity
llawn dychymyg	imaginative
lle benthyg teganau (e.g.) (lleoedd benthyg teganau)	toy library
lledaenu	disseminate
lled weld	partial sight
llencynnaidd	adolescent
llencyndod (e.g.)	adolescence
lleoliad (e.g.)(-au)	placement
lleoli uniongyrchol	direct placement
lles (e.g.)	welfare
llesg	frail
llety (e.g.)(-au)	accommodation
llety cadw (e.g.) (lletyau cadw)	secure accommodation
llety dan reolaeth warden (e.g.)	warden controlled accommodation

llety rhan III (e.g.)	part III accommodation
llid y croen (e.g.)	eczema
llidiog	malignant
llithro'n ôl	regress
lloches (e.b.)(-au)	refuge
llofruddiaeth (e.g.)(-au)	murder
llosg (e.g.)(-iadau)	burn
llosgach (e.g.)	incest
llyfrau llafar	talking books
llygad ddu/du (e.b.g.) (llygaid duon)	black eye
llym	acute
llymder (e.g.)	stringency
llys (e.g.)(-oedd)	court
Llys Gwarchod (e.g.)	Court of Protection
llys plant (e.g.) (llysoedd plant)	juvenile court
llys sirol (e.g.) (llysoedd sirol)	county court
llys ynadon (e.g.) (llysoedd ynadon)	magistrates court
llys y goron (e.g.) (llysoedd y goron)	crown court
llyschwaer (e.b.) (llyschwiorydd)	stepsister
llysdad (e.g.) (llystadau)	stepfather
llysfam (e.b.) (llysfamau)	stepmother
llysfab (e.g.) (llysfeibion)	stepson
llysferch (e.b.) (llyferched)	stepdaughter

llysfrawd (e.g.) (llysfrodyr)	stepbrother

M

mabwysiad (e.g.) (mabwysiadau)	adoption
mabwysiadu	adopt
mabwysiadwr (e.g.) (mabwysiadwyr)	adoptor
maen prawf (e.g.)	criterion
maeth (e.g.)	nutrition
maethlon	nutritious
maethu	fostering
magl dlodi (e.b.)	poverty trap
magu plant	child rearing
magwraeth (e.b.)	upbringing
mam wen	stepmother; mother substitute
mamol	maternal
man diogel (e.g.) (mannau diogel)	place of safety
mania (e.g.)	mania
manwl	explicit
marwolaeth grud (e.b.) (marwolaethau crud)	cot death
marw-anedig	still-born
mat bath (e.g.) (matiau bath)	bath mat
mebyd (e.g.)	infancy
mechnïaeth (e.b.)(-au)	bail
medrau cymdeithasol	social skills

meddw	drunk
meddwdod (e.g.)	drunkenness/intoxication
meddwyn (e.g.) (meddwon)	drunk
meddyg (e.g.)(-on)	doctor
meddyg teulu (e.g.) (meddygon teulu)	family practitioner
meddyg ymgynghorol (e.g.) (meddygon ymgynghorol)	consultant physician
medru symud	mobile
medru symud ychydig	restricted mobility
meithrin	nurture
meithrinfa (e.b.) (meithrinfâu)	nursery
meithrinfa ddydd (e.b.) (methrinfâu dydd)	day nursery
mesur deallusrwydd (e.g.)	intelligence quotient
methedig	invalid
methodoleg (e.b.)	methodology
methu dal	incontinence
mewn gofal	in care
mewn grym	operative
mewn perygl	at risk
mewnblyg	introvert
mewnfudwr (e.g.) (mewnfudwyr)	immigrant
mewnoli	internalize
mewnoliad (e.g.) (mewnoliadau)	internalization
mewnsyllgar	introspective
mewnwelediad (e.g.) (-au)	insight
misglwyf (e.g.)	menstruation

49

mislif (e.g.)	menstruation
moeseg (e.b.)	ethics
moesegol	ethical
moesol	moral
moesoldeb (e.g.)	morality
morâl (e.g.)	morale
mud a byddar	deaf without speech
mudandod dethol (e.g.)	elective mute
myfîwr (e.g.) (myfîwyr)	egoist
myfîaeth (e.b.)	egoism
myfîol	egoistic
mygu teimladau	repress; repression
mympwy bwyd (e.g.) (mympwyon bwyd)	food fad
mynegai gwaith cymdeithasol ysbyty (e.g.)	hospital social work index
mynegiant (e.g.)	expression

N

nam ar y clyw (e.g.)	hearing impairment
natur (e.b.)	temprement
neillrywiol	bisexual
nerfol [ffisioleg]	nervous
nerfus	nervous
newyddanedig	neonate
newydd-enedigol	neo-natal

newydd-enedigol cynnar	early neo-natal
niweidiol i iechyd	prejudicial to health
niwrosis (e.g.)	neurosis
niwrotig	neurotic
nod (e.g.)(-au)	target / goal
nod ymyriad (e.g.) (nodau ymyriad)	target of intervention
nodwedd (e.b.)(-ion)	trait
nodweddion awtistig	autistic features
norm (e.g.)(-au)	norm
norm cymdeithasol (e.g.) (normau cymdeithasol)	social norm
normal	normal
normaleiddiad (e.g.) (normaleiddiadau)	normalisation
normaleiddio	normalize
nyrs ardal (e.b.) (nyrsus ardal)	district nurse
nyrs gymuned (e.b.) (nyrsus cymuned)	community nurse
nyrs gymuned, anfantais feddyliol (e.b.) (nyrsus cymuned, anfantais feddyliol)	community nurse, mental handicap
nyrs gymuned, seiciatryddol (e.b.) (nyrsus cymuned, seiciatryddol)	community psychiatric nurse
nyrs seiciatryddol (e.b.) (nyrsus seiciatryddol)	psychiatric nurse
nyrs ysgol (e.b.) (nyrsus ysgol)	school nurse

o

o fewn amser penodol	time limited
o'i eni/o'i geni	congenital
obsesiwn (e.g.)(obsesiynau)	obsession
obsesiynol	obsessional
oed pensiwn (e.g.)	pension age
oed ymddeol (e.g.)	retirement age
oed ysgol gorfodol (e.g.)	compulsory school age
oedi mewn datblygu (e.g.)	developmental delay
oedolaeth (e.b.)	adulthood
oedolyn (e.g.) (oedolion)	adult
oedran gadael ysgol (e.g.)	school leaving age
oedran meddyliol (e.g.)	mental age
oedrannus	elderly
offer atal cenhedlu	contraceptive
ôl brathiad (e.g.) (ôl brathiadau)	bite mark
ôl-dâl (e.g.) (ôl-daliadau)	back pay
ôl-ddyledion	arrears
ôl-enedigol	post-natal
ombwdsmon (e.g.) (ombwdsmyn)	ombudsman
oriog	moody
oriogrwydd (e.g.)	moodiness

P

paediatreg (e.b.)	paediatrics
paediatreg newydd-enedigol(e.b.)	neo-natal paediatrics
paediatrig	paediatric
paediatregydd (e.g.)(-ion)	paediatrician
paranoia (e.g.)	paranoia
parhaol	permanent
parlys (e.g.)	paralysis
parlys cyfan (e.g.)	paraplegia
parlys lleferydd (e.g.)	dysarthia
parlys un ochr (e.g.)	hemiplegia
parlys ymennydd (e.g.)	carebral palsy
parlys ymledol (e.g.)	multiple sclerosis
parôl (e.g.)	parole
patrwm ymddwyn (e.g.) (patrymau ymddwyn)	role; role model
patholeg (e.b.)	pathology
peiriant fideo (e.g.) (periannau fideo)	video recorder
penderfyniad i ymgymryd â hawliau rhieni (e.g.) (penderfyniadau i ymgymryd â hawliau rhieni)	resolution of assumption of parental rights
penderfynol	determined
penodiad [i swydd] (e.g.)(-au)	appointment [to a job]
pensiwn (e.g.) (pensiynau)	pension
Pensiwn Analluedd (e.g.)	Invalidity Pension
pensiwn galwedigaethol (e.g.) (pensiynau galwedigaethol)	occupational pension
Pensiwn Gwragedd Gweddw (e.g.)	Widows' Pension

pensiwn rhyfel (e.g.) (pensiynau rhyfel)	war pension
Pensiwn Ymddeol (e.g.)	Retirement Pension
perchennog preswyl (e.g.) (perchnogion preswyl)	owner-occupier
person ifanc (e.g.) (pobl ifainc)	young person
person nad yw'n ddeiliad (e.g.) (pobl nad ydynt yn ddeiliaid)	non householder
personoliaeth (e.b.) (personoliaethau)	personality
personoliaeth awdurdodus(e.b.) (personoliaethau awdurdodus)	authoritarian personality
perthynas (e.b.) (perthnasau)	relationship
perthynas agosaf (e.g.) (perthnasau agosaf)	next of kin
perthynas atebol (e.g.) (perthnasau atebol)	liable relative
perthynas dibynnol (e.g.) (perthnasau dibynnol)	dependent relative
perygl (e.g.)(-on)	risk
perygl moesol (e.g.) (peryglon moesol)	moral danger
petit-mal	petit-mal
pigiad (e.g.)(-au)	injection
pigiad depo (e.g.) (pigiadau depo)	depot injection
plasebo (e.g.)	placebo
plentyn bach (e.g.)	infant
plentyn dibynnol (e.g.) (plant dibynnol)	dependent child
plentyn heb ymaddasu (e.g.) (plant heb ymaddasu)	maladjusted child

plentyn mabwysiedig (e.g.) (plant mabwysiedig)	adopted child
plentyn maeth (e.g.) (plant maeth)	foster child
plentyn mewn perygl (e.g.) (plant mewn perygl)	child at risk
polisi cymdeithasol (e.g.) (polisïau cymdeithasol)	social policy
pot gwely (e.g.) (potiau gwely)	bedpan
posibilrwydd (e.g.)	potentiality
potensial	potential
prawf modd (e.g.)	means test
preifateiddio	privatise
premiwm anabledd (e.g.) (premiymau anabledd)	disability premium
premiwm anabledd difrifol (e.g.) (premiymau anabledd difrifol)	severe disability premium
premiwm grŵp clientau (premiymau grŵp clientau)	client group premium
premiwm plant anabl (e.g.) (premiymau plant anabl)	disabled children premium
premiwn rhiant sengl (e.g.) (premiymau rhiant sengl)	single parent premium
premiwm teulu (e.g.) (premiymau teulu)	family premium
prescripsiwn (e.g.) (prescripsiynau)	prescription
preswyl	residential
preswyliwr (e.g.) (preswylwyr)	householder
pres poced (e.g.)	pocket money
prif swyddog (e.g.) (prif swyddogion)	principal officer

prif swyddog prawf (e.g.) (prif swyddogion prawf)	chief probation officer
prif weithredwr (e.g.) (prif weithredwyr)	chief executive
priodoleddau	attributes
problem a gyflwynir (e.b.)	presenting problem
problem reoli (e.b.) (problemau rheoli)	management problem
problem sylfaenol (e.b.) (problemau sylfaenol)	underlying problem
profedigaeth (e.b.)(-au)	bereavement
profi	substantiate
proses amddiffynnol (e.b.) (prosesau amddiffynnol)	defence mechanism
pryd ar glud (e.g.)	meals on wheels
prydau ysgolion	school meals
pryder (e.g.)(-on)	anxiety
pryder gwahanu	separation anxiety
prydles (e.b.)(-i)(-au)	lease
prydleswr (e.g.)(-wyr)	leaseholder
pwyllgor adolygu cam-drin plant (e.g.) (pwyllgorau adolygu cam-drin plant)	review committee on child abuse
pwyllgor adolygu rhanbarthol (e.g.) (pwyllgorau adolygu rhanbarthol)	area review committee
pwyllgor rheoli (e.g.) (pwyllgorau rheoli)	management committee
pwyllgor ymchwilio (e.g.) (pwyllgorau ymchwilio)	committee of enquiry
pwyso a mesur	evaluate

R

ramp (e.g.)(-iau)	ramp
recordydd tâp (e.g.) (recordyddion tâp)	tape recorder

Rh

rhagdueddiad (e.g.)	predisposition
rhagdybiaeth (e.b.)(-au)	presumption
rhagdybio	presume
rhagfarn (e.b.)(-au)	prejudice
Rhaglen Gymuned (e.b.)	Community Programme
rhaglen iaith (e.b.)	language programme
rhan (e.b.)(rhannau)	role
rheilen dapiau (e.b.) (rheiliau tapiau)	tap rail
rhent teg (e.g.) (rhenti teg)	fair rent
rheol enillion (e.b.) (rheolau enillion)	earnings rule
rheolaeth (e.b.)	control
rheolaeth atebol (e.b.)	line management
rheolaeth gymdeithasol (e.b.)	social control
rheolau asiantaeth fabywsiadu	adoption agency regulations
rheolau maethu	boarding-out regulations
rheolwr (e.g.)(rheolwyr)	manager
rheolwr atebol (e.g.) (rheolwyr atebol)	line manager
rhestr achosion (e.b.) (rhestrau achosion)	caseload

rhestr aros (e.b.) (rhestrau aros)	waiting list
rhestr nodi (e.b.) (rhestrau nodi)	checklist
rhesymol	rational
rhesymoli	rationalize
rhesymoliad (e.g.)	rationalisation
rhiant (e.g.) (rhieni)	parent
rhiant maeth (e.g.) (rheini maeth)	foster parent
rhiant tŷ (e.g.) (rhieni tŷ)	houseparent
rhieni biolegol	birth parents
rhieni maeth cyn y mabwysiadu	pre-adoption foster parents
rhieni maeth de facto	de facto foster parents
rhieni sy'n mabwysiadu	adoptive parents
rhith (e.g.) (rhithiau)	hallucination
rhithdyb (e.b.g.)(-iau)	delusion
rhith-synhwyro	hallucinating
rhith-weld	hallucinating
rhod bywyd (e.b.)	life cycle
rhoi ar brawf	testing out
rhoi mewn gofal	put in care
rhoi gwasanaeth	service delivery
rhoi prawf ar realaeth	reality testing
rhoi'r fron	breastfeeding
rhwyd arbed (e.b.) (rhwydi arbed)	safety net
rhwydwaith (e.g.) (rhwydweithiau)	network

rhwystredigaeth (e.b.)(-au)	frustration
rhybudd (e.g.)(-ion)	caution
rhybudd i ymadael (e.g.) (rhybyddion i ymadael)	notice to quit
rhybudd o asesiad (e.g.) (rhybuddion o asesiad)	notice of assessment
rhyddhad amodol (e.g.)	conditional discharge
rhyddhad diamod (e.g.)	absolute discharge
rhyddhau am y dydd	day release
rhyngddibynnol	interdependent
rhyngddisgyblaethol	interdisciplinary
rhyng-ddiwylliannol	cross-cultural
rhyngweithiad (e.g.) (rhyngweithiadau)	interaction
rhyw (e.b.)(-iau)	sex; gender
rhywiaethol	sexist
rhywiol	sexual

S

salwch (e.g.) (salychau)	illness
salwch angheuol (e.g.)	terminal illness
salwch difrifol (e.g.)/ salwch tost (e.g.)	acute illness
salwch tymor hir	long term illness
sectoreiddio	sectorization
sedatif (e.g.) (sedatifau)	sedative
sedd bath (e.g.) (seddau bath)	bath seat
sedd doiled uchel (e.b.) (seddau toiled uchel)	raised toilet seat

sefydliad (e.g.)(-au)	establishment; institution
sefydliadu (e.b.)	institutionalize
sefydliadus	institutionalized
sefydlog	stable
sefydlogrwydd (e.g.)	permanence; stability
seibiant mamolaeth (e.g.)	maternity leave
seicdreiddiad (e.g.)	psycho-analysis
seicdreiddiwr (e.g.) (seicdreiddwyr)	psychoanalyst
seiciatreg (e.g.)	psychiatry
seiciatrydd (e.g.)(-ion)	psychiatrist
seiciatrydd ymgynghorol (e.g.) (seiciatryddion ymgynghorol)	consultant psychiatrist
seiciatrydd ymgynghorol plant	consultant child psychiatrist
seicogeriatrig	psychogeriatric
seicogeriatrydd (e.g.) (seicogeriatryddion)	psychogeriatrician
seicoleg (e.g.)	psychology
seicolegwr (e.g.) (seicolegwyr)	psychologist
seicolegwr addysg (e.g.) (seicolegwyr addysg)	educational psychologist
seicolegwr clinigol (e.g.) (seicolegwyr clinigol)	clinical psychologist
seicopathig	psychopathic
seicosis (e.g.)	psychosis
seicosomatig	psychosomatic
seicotherapi (e.g.)	psychotherapy
seicotherapi ddirfodol (e.b.)	existential psychotherapy
seicrywiol	psychosexual

sensitifrwydd (e.g.)	sensitivity
sgîl effaith (e.g.) (sgîl effeithiau)	side-effect
sgitsoffrenia (e.g.)	schizophrenia
sgwatiwr (e.g.)(sgwatwyr)	squatter
siasbin hir (e.g.)	long handled shoe horn
sicrwydd daliadaeth (e.g.)	security of tenure
sigiad asgwrn (e.g.)	greenstick fracture
sioe wag (e.b.)	tokenism
sirosis (e.g.)	cirrhosis
snwyro glud	glue sniffing
statudol	statutory
statws cymdeithasol (e.g.)	social status
statws priodasol (e.g.)	marital status
straen (e.g.)	stress
strategaeth (e.b.)	strategy
strôc (e.b.)(strociau)	stroke
swmbwl (e.g.)(symbylau)	stimulant
swnyn (e.g.) (swnynnau)	bleeper
swyddfa ranbarth (e.b.) (swyddfeydd rhanbarth)	area office
swyddog â gofal (e.g.) (swyddogion â gofal)	officer in charge
swyddog ailsefydlu'r anabl (e.g.) (swyddogion ailsefydlu'r anabl)	disablement resettlement officer
swyddog ar ddyletswydd (e.g.) (swyddogion ar ddyletswydd)	duty officer
swyddog cartrefi (e.g.) (swyddogion cartrefi)	homes officer
swyddog cofnodi (e.g.) (swyddogion cofnodi)	reporting officer

swyddog cyswllt ieuenctid (e.g.) (swyddogion cyswyllt ieuenctid)	juvenile liaison officer
swyddog dyfarnu (e.g.) (swyddogion dyfarnu)	adjudication officer
swyddog dyletswydd llys (e.g.) (swyddogion dyletswydd llys)	court duty officer
swyddog gwasanaethau cartref (e.g.) (swyddogion gwasanaethau cartref)	domiciliary services officer
swyddog lleoli (e.g.) (swyddogion lleoli)	placement officer
swyddog lles addysg (e.g.) (swyddogion lles addysg)	education welfare officer
swyddog llety (e.g.) (swyddogion llety)	home finder
swyddog llys (e.g.) (swyddogion llys)	court officer
Swyddog Meddygol Cyfrifol(e.g.) (Swyddogion Meddygol Cyfrifol)	Responsible Medical Officer
swyddog nyrsio (e.g.) (swyddogion nyrsio)	nursing officer
swyddog prawf (e.g.) (swyddogion prawf)	probation officer
swyddog rhanbarth (e.g.) (swyddogion rhanbarth)	area officer
swyddog rhenti (e.g.) (swyddogion rhenti)	rent officer
swyddog ymweld (e.g.) (swyddogion ymweld)	visiting officer
sylw (e.g.)	attention
sylwi	observe
symptom (e.g.)(-au)	symptom
symptom diddyfnu (e.g.) (symptomau diddyfnu)	withdrawal symptom

symptom encilio (e.g.) (symptomau encilio)	withdrawal symptom
Syndrom Diffyg Imiwnolegol Caffaeledig (e.g.)	Acquired Immune Deficiency Symdrome
synnwyr (e.g.) (synhwyrau)	sense

T

tad tebygol (e.g.)	putative father
tadofalaeth (e.b.)	paternalism
tadogi	affiliate
tadol	paternal
tadolaeth (e.b.) (tadolaethau)	paternity
Tâl Mamolaeth Gwladol (e.g.)	State Maternity Pay
Tâl Salwch Statudol (e.g.)	Statutory Sick Pay
taliad anghenion brys (e.g.) (taliadau anghenion brys)	urgent needs payment
taliadau niwed brechu	vaccine damage payments
taliad tanwydd uniongyrchol (e.g.) (taliadau tanwydd uniongyrchol)	fuel direct payments
taliad tywydd garw (e.g.) (taliadau tywydd garw)	severe weather payment
tâp fideo (e.g.) (tapiau fideo)	videotape
tasg (e.b.)(-au)	task
tawedog	self-contained
tawelu meddwl	reassurance
tawelyn (e.g.)(tawelion)	tranquillizer
tawelyn cryfaf (e.g.) (tawelion cryfaf)	major tranquilizer
tawelyn gwan (e.g.)	minor tranquillizer

63

tawelyn gwan (e.g.)	minor tranquilizer
tebygol	putative
teclyn (e.g.)(taclau)	appliance
teclyn clywed (e.g.) (taclau clywed)	hearing aid
teclyn codi (e.g.) (taclau codi)	hoist
teclyn-codi-swn [ar ffôn]	amplifier [telephone]
teclyn troi tap (e.g.) (taclau troi tap)	tapturner
teg	equitable
teimlad (e.g.)(-au)	emotion
tenant (e.g.)(-iaid)	tenant
teulu (e.g.)(-oedd)	family
teulu cnewyllol (e.g.) (teuluoedd cnewyllol)	nuclear family
teulu estynedig (e.g.) (teuluoedd estynedig)	extended family
teulu un rhiant (e.g.) (teuluoedd un rhiant)	one parent family
tew iawn	obese
tîm ailsefydlu (e.g.) (timau ailsefydlu)	resettlement team
tîm amddiffyn plant (e.g.) (timau amddiffyn plant)	child protection team
tîm aml-ddisgyblaethol (e.g.) (timau aml-ddisgyblaethol)	multi disciplinary team
tîm cymunedol anfantais feddyliol (e.g.) (timau cymunedol anfantais feddyliol)	community mental handicap team
tîm derbyn (e.g.) (timau derbyn)	intake team
tîm gofal cychwynnol (e.g.) (timau gofal cychwynnol)	primary care team

tîm tymor hir (e.g.) (timau tymor hir)	long term team
tiwmor (e.g.) (tiwmorau)	tumour
tlawd	poor
tlodi (e.g.)	poverty
tocyn (e.g.)(-nau)	token
tocyn mantais bws (e.g) (tocynnau mantais bws)	concessionary bus pass
toddyn (e.g.) (toddynion)	solvent
tor priodas (e.g.)	marital breakdown
toriadau niferus	multiple fractures
torri aelod i ffwrdd	amputation
torri i lawr	breakdown
tostrwydd (e.g.)	illness
trais (e.g.)	violence; aggression
trais rhywiol (e.g.)	rape
trafod	negotiate
trafodwr (e.g.) (trafodwyr)	negotiator
tramgwydd (e.g.) (tramgwyddau) [cyfreithiol]	wrong [legal]
tramgwyddwr ifanc (e.g.) (tramgwyddwyr ifainc)	juvenile delinquent
trawma (e.g.)(trawmâu)	trauma
trawma geni (e.g.)	birth trauma
trechaf	dominant
trefnu teulu	family planning
trefnydd (e.g.) (trefnyddion)	co-ordinator
trefnydd cymorth cartref (e.g.) (trefnyddion cymorth cartref)	home help organiser

treisgar	violent
treisio'n rhywiol	rape
treth incwm (e.b.)	income tax
tribiwnlys (e.g.) (tribiwnlysoedd)	tribunal
tribiwnlys adolygu iechyd meddwl (e.g.) (tribiwnlysoedd adolygu iechyd meddwl)	mental health review tribunal
tribiwnlys apêl meddygol (e.g.) (tribiwnlysoedd apêl meddygol)	medical appeal tribunal
tribiwnlys apêl nawdd cymdeithasol (e.g.) (tribiwnlysoedd apêl nawdd cymdeithasol)	social security appeal tribunal
tribiwnlys rhenti (e.g.) (tribiwnlysoedd rhenti)	rent tribunal
triniaeth (e.b.)(-au)	treatment
triniaeth estynedig (e.b.) (triniaethau estynedig)	extended treatment
triniaeth fer (e.b.) (triniaethau byrion)	brief treatment
triniaeth ganolradd (e.b.)	intermediate treatment
triniaeth gymdeithasol (e.b.) (triniaethau cymdeithasol)	social treatment
troi allan	eviction
trosedd (e.g.)(-au)	offence
trosedd rhestr un (e.g.) (troseddau rhestr un)	schedule one offence
troseddau'r ifanc	juvenile delinquency
troseddwr ifanc (e.g.) (troseddwyr ifainc)	juvenile offender/ young offender
trosglwyddiad (e.g.)(-au)	transferance
trwm ei chlyw/ trwm ei glwy	hard of hearing

trwydded deddf iechyd meddwl (e.b.) (trwyddedau deddf iechyd meddwl)	mental health act licence
trwydded gadwraeth pobl ifainc (e.b.) (trwyddedau cadwraeth pobl ifainc)	youth custody licence
trwydded o ryddhad o gadwraeth am oes (e.b.) (trwyddedau o ryddhad gadwraeth am oes)	life sentence licence
trychiad (e.g.) (-au)	amputation
trydydd person	third party
twyll (e.g.)	deception
tŷ clwm (e.g.) (tai clwm)	tied house
tŷ cyngor (e.g.) (tai cyngor)	council house
tybiaeth (e.b.)(-au)	assumption
tyfiant (e.g.) (tyfiannau)	tumour
tyndra (e.g.)	tension
tyndra cyn misglwyf (e.g.)	pre-menstrual tension
tyndra cyn mislif (e.g.)	pre-menstrual tension
tystiolaeth (e.b.)(-au)	evidence
Tystysgrif Cymhwyster mewn Gwaith Cymdeithasol (e.b.)	Certificate of Qualification in Social Work
tystysgrif geni (e.b.) (tystysgrifau geni)	birth certificate
tystysgrif marwolaeth (e.b.) (tystysgrifau marwolaeth)	death certificate
Tystysgrif mewn Gwasanaeth Cymdeithasol (e.b.)	Certificate in Social Service
Tystysgif Ragarweiniol Mewn Gofal Cymdeithasol (e.b.)	Preliminary Certificate in Social Care

theori dysgu (e.b.)	learning theory
theori labelu (e.b.)	labelling theory
theori systemau (e.b.)	systems theory
therapi chwarae (e.g.)	play therapy
therapi grwp (e.g.)	group therapy
therapi gwaith (e.g.)	occupational therapy
therapi lleferydd (e.g.)	speech therapy
therapi teulu (e.g.)	family therapy
therapi teulu ar y cyd (e.g.)	conjoint family therapy
therapi ymddygiad (e.g.)	behaviour therapy
therapi ymlacio (e.g.)	relaxation therapy
therapydd lleferydd (e.g.) (therapyddion lleferydd)	speech therapist
therapiwtig	theraputic
therapydd galwedigaethol (e.g.) (therapyddion galwedigaethol)	occupational therapist

U

uchel lys (e.g.) (uchel lysoedd)	high court
ufudd	obedient
ufudd-dod (e.g.)	obedience
un taliad (e.g.)	single payment
undeb credyd (e.g.) (undebau credyd)	credit union
uned gofal arbennig i fabanod (e.b.) (unedau gofal arbennig i fabanod)	special care baby unit

uned gofal dwys seiciatryddol ranbarthol (e.b.) (unedau gofal dwys seiciatryddol rhanbarthol)	regional psychiatric intensive care unit
unedol	unitary
unigolrwydd (e.g.)	individuality
unigolydd (e.g.) (unigolyddion)	individualist
unigolyddiaeth (e.b.)	individualism
uwchswyddog (e.g.) (uwchswyddogion)	senior officer
uwchswyddog prawf (e.g.) (uwchswyddogion prawf)	senior probation officer
uwchweithiwr cymdeithasol (e.g.) (uwchweithwyr cymdeithasol)	senior social worker

W

ward gyfyngus (e.b.) (wardiau cyfyngus)	acute ward
warden (e.g.)(wardeiniaid)	warden
warden stryd (e.g.) (wardeiniaid stryd)	street warden
wedi ei bwydo ar y fron/ wedi ei fwydo ar y fron	breastfed
wedi cyfamodi allan	contracted out
wedi cynhyrfu	disturbed
wedi ei amddifadu'n gymdeithasol	socially deprived
wedi ei darfu	disturbed
wedi ei ddatganoli	decentralized
wedi ei niweidio heb eisiau	avoidably impaired
wedi ei rwystro heb eisiau	avoidably prevented
wedi ei styrbio	disturbed
wedi torri	fractured

Y

Y Cyfreithiwr Swyddogol	Official Solicitor
y diweddaraf (e.g.)	update
y dosbarth uchaf (e.g.)	upper class
y dull unedol (e.g.)	unitary method
Y Gronfa Gymdeithasol (e.b.)	The Social Fund
y mabwysiedig	adoptee
Y Pwyllgor Cyd-drefnu Rhanbarthol ar Gam-drin Plant (e.g.)	Area Co-ordinating Committee on Child Abuse
y Swyddfa Gartref (e.b.)	Home Office
Y Swyddfa Gymreig (e.b.)	Welsh Office
y tu hwnt i reolaeth	beyond control
ynghlwm wrth ddiwylliant	culture bound
ymadawedig	deceased
ymaddasiad (e.g.) (ymaddasiadau)	self-adjustment
ymarfer yn ôl tasgau (e.g.)	task centred practice
ymarferol	functional
ymarferwr (e.g.) (ymarferwyr)	practitioner
ymateb (e.g.)(-ion)	response; feedback
ymateb cadarnhaol (e.g.)	positive feedback
ymateb negyddol (e.g.)	negative feedback
ymchwil (e.g.)	research
ymdoddi	integrate
ymdoddiad (e.g.) ymdopi	integration cope
ymddiriedaeth (e.b.)	trust

ymddiriedolaeth (e.b.) (ymddiriedolaethau) [cyfreithiol]	trust [legal]
ymddwyn yn blentynnaidd	adolescent behaviour
ymddygiad (e.g.)(-au)	behaviour
ymddygiad afresymol (e.g.)	unreasonable behaviour
ymddygiad troseddol (e.g.) (ymddygiadau troseddol)	offending behaviour
ymddygiadaeth (e.b.)	behaviourism
ymgynghorwr (e.g.) (ymgynghorwyr)	consultant
ymhlyg yn	implicit
ymhongar	assertive
ymhonnaeth (e.b.)	assertiveness
ymhonnus	assertive
ymorolwr (e.g.) (ymorolwyr)	carer
ymosod	assault
ymosodiad (e.g.)(-au)	assault
ymosodiad anweddus (e.g.) (ymosodiadau anweddus)	indecent assault
ymosodiad cyffredin (e.g.) (ymosodiadau cyffredin)	common assault
ymuniaethu â	identify with
ymrwymiad (e.g.)(-au)	commitment
ymweliad â chartref (e.g.) (ymweliadau â chartref)	domiciliary visit
ymweliad dilynol (e.g.) (ymweliadau dilynol)	follow up visit
ymweliad statudol (e.g.) (ymweliadau statudol)	statutory visit
ymwelydd carchar (e.g.) (ymwelyddion carchar)	prison visitor

71

ymwelydd iechyd (e.g.) (ymwelyddion iechyd)	health visitor
ymwneud y rhieni (e.g.)	parental involvement
ymyriad (e.g.) (-au)	intervention
ymyrraeth (e.b.) (ymyraethau)	molestation
ymyrryd	molest
ymyrryd mewn argyfwng	crisis intervention
yn agored i drafodaeth	negotiable
yn baeddu	encopretic
yn cadw iddo'i hun/ yn cael ei anwybyddu	socially isolated
yn gallu cerdded	ambulant
yn gohirio barn	non-judgmental
yn gwlychu	enuretic
yn gwlychu a baeddu/ yn gwlychu a throchi	incontinent
yn lled weld	partially sighted
yn tawelu meddwl	reassuring
yn trochi	encopretic
yn uchel	high
yn ymwneud â rheolaeth	managerial
yn ôl maint	quantitative
ynad cyflog (e.g.) (ynadon cyflog)	stipendary magistrate
ynad heddwch (e.g.) (ynadon heddwch)	justice of the peace
yr isymwybod (e.g.)	unconscious
ysbryd	morale
ysbyty (e.g.)(-tai)	hospital
ysbyty arbennig (e.g.) (ysbytai arbennig)	special hospital

ysbyty cyffredinol dosbarth (e.g.) (ysbytai cyffredinol dosbarth)	district general hospital
ysbyty cymuned (e.g.) (ysbytai cymuned)	community hospital
ysbyty dydd (e.g.) (ysbytai dydd)	day hospital
ysbyty geriatreg (e.g.) (ysbytai geriatreg)	geriatric hospital
ysbyty henoed (e.g.) (ysbytai henoed)	geriatric hospital
ysbyty hyfforddi (e.g.) (ysbytai hyfforddi)	teaching hospital; training hospital
ysbyty mamolaeth (e.g.) (ysbytai mamolaeth)	maternity hospital
ysbyty seiciatryddol (e.g.) (ysbytai seiciatryddol)	psychiatric hospital
ysgariad (e.g.)(-au)	divorce
ysgol arbennig (e.b.) (ysgolion arbennig)	special school
ysgol feithrin (e.b.) (ysgolion meithrin)	nursery school
ysgol gynradd (e.b.) (ysgolion cynradd)	primary school
ysgol uwchradd (e.b.) (ysgolion uwchradd)	secondary school
ystafell gyfweld (e.b.) (ystafelloedd cyfweld)	interview room
ystrywgar	manipulative
ystum (e.b.)(-iau)	gesture
ystumio	distort
yswiriant atebolrwydd cyhoeddus (e.g.)	public liability insurance
Yswiriant Gwladol (e.g.)	National Insurance

SAESNEG - CYMRAEG

ENGLISH - WELSH

A

aberration	cyfeiliornad (e.g.)(-au)
abnormal	annormal
abortion	erthyliad (e.g.)(-au)
abscond	dianc/diengyd
absenteeism	absenoliaeth (e.b.)(-au)
absolute discharge	rhyddhad diamod (e.g.)
acceptance	derbyniad (e.g.)(-au)
accentuate	dwysáu
access	hawl gweld (e.b.) / hawl ymweld (e.b.)
acclimatise	cynefino
accommodation	llety(e.g.)(-au);
accountability	atebolrwydd (e.g.)
achievement	cyrhaeddiad (e.g.) cyraeddiadau
Acquired Immune Deficiency Syndrome	Syndrom Diffyg Imiwnolegol Caffaeledig (e.g.)
action group	grŵp gweithredu (e.g.) (grwpiau gweithredu)
active	gweithredol
activity group	grŵp gweithgarwch (e.g.) (grwpiau gweithgarwch)
acute	difrifol
acute illness	salwch difrifol (e.g.) / salwch tost (e.g.)
acute ward	ward gyfyngus (e.b.) (wardiau cyfyngus)
adaptation	addasiad (e.g.)(-au)

adapted cutlery	cyllyll a ffyrc arbennig
addict	caeth (e.g.)(-ion)
addicted	caeth
addiction	caethiwed (e.g.)
adjudication officer	swyddog dyfarnu (e.g.) (swyddogion dyfarnu)
adjust	ei addasu ei hun/ ei haddasu ei hun (eu haddasu eu hunain)
adjustment	addasiad (e.g.)(-au)
administration	gweinyddiaeth (e.b.)(-au)
admission	derbyniad (e.g.)(-au)
adolescence	llencyndod (e.g.)
adolescent	llanc (e.g.)(-iau) llances (e.b.)(-i) llencynnaidd (a.)
adolescent behaviour	ymddwyn yn blentynnaidd
adopt	mabwysiadu
adopted child	plentyn mabwysiedig (e.g.) (plant mabwysiedig)
adoptee	y mabwysiedig
adoption	mabwysiad (e.g.)(-au)
Adoption Act '76	Deddf Fabwysiadu '76 (e.b.)
adoption agency	asiantaeth fabwysiadu(e.b.) (asiantaethau mabwysiadu)
adoption agency regulations	rheolau asiantaeth fabywsiadu
adoption order	gorchymyn mabwysiadu (e.g.) (gorchmynion mabwysiadu)
adoption society	cymdeithas fabwysiadu (e.b.) (cymdeithasau mabwysiadu)
adoptive parents	rhieni sy'n mabwysiadu

adoptor	mabwysiadwr (e.g.) (mabwysiadwyr)
adult	oedolyn (e.g.)(oedolion)
adult literacy scheme	cynllun llythrennedd oedolion (e.g.) (cynlluniau llythrennedd oedolion)
adult training centre	canolfan hyfforddi oedolion (e.b.) (canolfannau hyfforddi oedolion)
adultery	godineb (e.g.)(-au)
adulthood	oedolaeth (e.b.)
advice	cyngor(e.g.)(cynghorion)
advocacy	eiriolaeth (e.b.)(-au)
affection	anwyldeb (e.g.)
affiliate	tadogi
affiliation order	gorchymyn tadogaeth (e.g.) (gorchmynion tadogaeth)
after-care	gofal wedyn (e.g.)
age range	amrediad oed (e.g.) (amrediadau oed)
agency	asiantaeth (e.b.)(-au)
aggression	trais (e.g.)
aggressive	treisgar
aid	cymorth (e.g.)(cymhorthion)
alcohol abuse	camddefnydd o alcohol(e.g.)
alcoholic	alcoholig (a. & e.g.) (alcoholigion)
alcoholism	alcoholiaeth (e.b)
alienate	dieithrio
allergy	alergedd (e.g.)(-au)
allocate	dosbarthu

allocation	dosbarthiad (e.g.)(-au)
almoner	almonwr (e.g.) /almonwraig (e.b.) (almonwyr)
almshouse	elusendy (e.g.)(elusendai)
altruism	anhunanoldeb (e.g.)
ambivalence	deuoliaeth teimlad (e.b.)
ambulance	ambiwlans (e.g.) (ambiwlansys)
ambulant	yn gallu cerdded
amenities	adnoddau hamdden
amplifier [telephone]	teclyn-codi-sŵn [ar ffôn] (e.g.)
amputation	torri aelod i ffwrdd/ trychiad (e.g.) (-au)
analysis	dadansoddiad (e.g.)(-au)
anger	dicter (e.g.)
antagonism	casineb (e.g.)
ante-natal	cyn-geni
antidepressant [drug]	cyffur iselder (e.g.) (cyffuriau iselder)
anxiety	pryder (e.g.)(-on)
anxiety state	cyflwr o bryder (e.g.) (cyflyrau o bryder)
apathy	difaterwch (e.g.)/ apathi (e.g.)
aphasia	affasia (e.g.)
appliance	teclyn (e.g.)(taclau)
appliance centre	canolfan offer (e.b.) (canolfannau offer)
appointment	apwyntiad (e.g.)(-au)
appointment [to a job]	penodiad [i swydd] (e.g.)(-au)

appointment card	cerdyn apwyntiad (e.g.) (cardiau apwyntiad)
approved social worker	gweithiwr cymdeithasol wedi ei gymeradwyo (e.g.) (gweithwyr cymdeithasol wedi eu cymeradwyo)
Area Co-ordinating Committee on Child Abuse	Y Pwyllgor Cyd-drefnu Rhanbarthol ar Gam-drin Plant (e.g.)
area office	swyddfa ranbarth (e.b.) (swyddfeydd rhanbarth)
area officer	swyddog rhanbarth (e.g.) (swyddogion rhanbarth)
area review committee	pwyllgor adolygu rhanbarthol (e.g.) (pwyllgorau adolygu rhanbarthol)
area team	tîm rhanbarth (e.g.) (timau rhanbarth)
arrears	ôl-ddyledion
assault	ymosod; ymosodiad (e.g.)(-au)
assertive	ymhongar/ymhonnus
assertiveness	ymhonnaeth (e.b.)
assessment	asesiad (e.g.)(-au)
assessment centre	canolfan asesu (e.b.) (canolfannau asesu)
assimilate	cymathu
assimilation	cymathiad (e.g.)
assistant director	cyfarwyddwr cynorthwyol(e.g.) (cyfarwyddwyr cynorthwyol)
assumption	tybiaeth (e.b.)(-au)
assumption of parental rights	ymgymryd â hawliau rhieni
at risk	mewn perygl
attachment of earnings	atafael enillion (e.g.)
Attendance Allowance	Lwfans Gweini (e.g.)

attendance centre	canolfan bresenoli (e.b.) (canolfannau presenoli)
attention	sylw (e.g.)
attitude	agwedd (e.b.)(-au)
attributes	priodoleddau (e.ll.)
audiovisual aid	cymorth clyweled (e.g.) (cymhorthion clyweled)
auditory retention	cadw yn y clyw
authentic	go iawn
authorisation	hawl (e.b.) (-iau)
authoritarian	awdurdodus
authoritarian personality	personoliaeth awdurdodus (e.b.) (personoliaethau awdurdodus)
authoritative	awdurdodol
authority	awdurdod (e.g.)(-au)
autism	awtistiaeth (e.b.)
autistic	awtistig
autistic features	nodweddion awtistig
avoidably impaired	wedi ei niweidio heb eisiau
avoidably prevented	wedi ei rwystro heb eisiau

B

babble	baldordd (e.g.)
baby	baban (e.g.)(-od)
babyhood	babandod
babysit	gwarchod
babysitter	gwarchodwr(e.g.)/ gwarchodwraig (e.b.) (gwarchodwyr)

back pay	ôl-dâl (e.g.) (ôl-daliadau)
bail	mechnïaeth (e.b.)(-au)
bail hostel	hostel fechnïaeth (e.b.) (hosteli mechnïaeth)
barbiturate	barbitiwrad (e.g.)
bath aid	cymorth bath (e.g.) (cymhorthion bath)
bath board	bord bath (e.b.) (bordiau bath)
bath lift	lifft bath (e.g.) (lifftiau bath)
bathmat	mat bath (e.g.) (matiau bath)
bath seat	sedd bath (e.b.) (seddau bath)
bedpan	pot gwely (e.g.) (potiau gwely)
bedridden	gorweiddiog
bedsore	dolur gwely (e.g.) (doluriau gwely)
bedwetting	gwlychu gwely
befriend	bod yn gyfaill
befriender	cyfaill gwirfoddol(e.g.) (cyfeillion gwirfoddol)
behaviour	ymddygiad (e.g.)(-au)
behaviour matching	cydweddu ymddygiad (e.g.)
behaviour modification	addasu ymddygiad (e.g.)
behaviour therapy	therapi ymddygiad (e.g.)
behaviourism	ymddygiadaeth (e.b.)
belief	credo (e.b.) (credoau)
belief system	cyfundrefn gredu (e.b.) (cyfundrefnau credu)

benefit	budd-dal (e.g.) (budd-daliadau)
benefit rate	cyfradd budd-dal (e.b.) (cyfraddau budd-dal)
benign	heb lid/ di-lid [salwch] addfwyn/hawddgar [cymeriad]
bereavement	profedigaeth (e.b.)(-au)
beyond control	y tu hwnt i reolaeth
birth certificate	tystysgrif geni (e.b.) (tystysgrifau geni)
birth parents	rhieni biolegol
birth trauma	trawma geni (e.g.)
bisexual	neillrywiol
bite mark	ôl brathiad (e.g.) (ôl brathiadau)
black eye	llygad ddu/du (e.b.g.) (llygaid duon)
bleeper	swnyn (e.g.)(swnynnau)
blind	dall
boarding-out regulations	rheolau maethu
bond	cwlwm (e.g.)(clymau)
bonding	clymu
Braille	Braille
bread cutting box	blwch torri bara (e.g.) (blychau torri bara)
breakdown	torri i lawr
breakdown of marriage	chwalu priodas
breastfed	wedi ei bwydo ar y fron/ wedi ei fwydo ar y fron
breastfeeding	rhoi'r fron
brief treatment	triniaeth fer (e.b.) (triniaethau byrion)

broker	cyfryngwr (e.g.) (cyfryngwyr)
bruise	clais (e.g.)(cleisiau)
build	corffolaeth (e.b.)
bully	bwli (e.g.)(-s)
burn	llosg (e.g.)(-iadau)

C

cancer	cancr (e.g.)(-au)/ canser (e.g.)
cantilever table	bwrdd codi-a-gostwng(e.g.) (byrddau codi-a-gostwng)
capacity	gallu (e.g.)(-oedd)
care	gofal (e.g.)(-on)
care and control	gofal a rheolaeth (e.g.)
care and custody	gofal a chadwraeth (e.g.)
care assistant	cynorthwywr gofalu (e.g.) (cynorthwywyr gofalu)
care order	gorchymyn gofal (e.g.) (gorchmynion gofal)
care plan	cynllun gofal (e.g.) (cynlluniau gofal)
care proceedings	dwyn achos am ofal
carer	ymorolwr (e.g.)(ymorolwyr)
case	achos (e.g.)(-ion)
case conference	cynhadledd achos (e.b.) (cynadleddau achos)
case history report	adroddiad hanes achos(e.g.) (adroddiadau hanes achos)
case plan	cynllun achos (e.g.) (cynlluniau achos)
case recording	cofnodion achos (e.g.)

case review	adolygiad achos (e.g.) (adolygiadau achos)
case study	astudiaeth achos (e.b.) (astudiaethau achos)
caseload	rhestr achosion (e.g.) (rhestrau achosion)
casework	gwaith achos (e.g.)
catharsis	catharsis (e.g.)
caution	rhybudd (e.g.)(-ion)
Central Council for Education and Training in Social Work	Cyngor Canolog Addysg a Hyfforddiant mewn Gwaith Cymdeithasol (e.g.)
cerebral palsy	parlys ymennydd (e.g.)
Certificate in Social Service	Tystysgrif mewn Gwasanaeth Cymdeithasol (e.b.)
Certificate of Qualification in Social Work	Tystysgrif Cymhwyster mewn Gwaith Cymdeithasol (e.b.)
chaotic	di-drefn
character	cymeriad (e.g.)(-au)
charity	elusen (e.b.)(-nau)
Charity Commissioner	Comisiynwr Elusen (e.g.) (comisiynwyr elusen)
checklist	rhestr nodi (e.b.) (rhestrau nodi)
chief executive	prif weithredwr (e.g.) (prif weithredwyr)
chief probation officer	prif swyddog prawf (e.g.) (prif swyddogion prawf)
child abuse register	cofrestr plant a gamdrinir (e.b.) (cofrestrau plant a gamdrinir)
child and family guidance	cyfarwyddo plant a theuluoedd
child at risk	plentyn mewn perygl(e.g.) (plant mewn perygl)

Child Benefit	Budd-dal Plant (e.g.) (Budd-daliadau Plant)
child care	gofal am blant (e.g.)
Child Care Act	Deddf Gofal am Blant(e.b.)
child development	datblygiad plentyn (e.g.)
child minder	gofalwr plant (e.g.) (gofalwyr plant)
child protection team	tîm amddiffyn plant (e.g.) (timau amddiffyn plant)
child rearing	magu plant
child sexual abuse	cam-drin plentyn yn rhywiol
childbirth	genedigaeth (e.b.)(-au)
childless	di-blant
Children Act	Deddf Plant (e.b.)
Children and Young Persons Act	Deddf Plant a Phobl Ifainc (e.b.)
Child's Special Allowance	Lwfans Arbennig Plant(e.g.)
chiropody	gwasanaeth trin traed(e.g.)
Christmas Bonus	Bonws Nadolig (e.g.)
chronic	cronig
Chronically Sick and Disabled Persons Act	Deddf y Cleifion Cronig a'r Rhai Anabl (e.b.)
cirrhosis	sirosis (e.g.)
Citizens Advice Bureau	Canolfan Gynghori (e.b.) (Canolfannau Cynghori)
civil liberties	hawliau sifil
claim	cais (e.g.)(ceisiadau)
claimant	hawliwr (e.g.)(hawlwyr)
class	dosbarth (e.g.)(-iadau)
client	client (e.g.)(-au)
client group	grŵp clientau (e.g.)

client group premium	premiwm grŵp clientau(e.g.) (premiymau grŵp clientau)
client self-determination	client yn penderfynu drosto'i hun
clinic	clinig (e.g.)(-au)
clinical psychologist	seicolegwr clinigol (e.g.) (seicolegwyr clinigol)
closed question	cwestiwn caeëdig (e.g.) (cwestiynau caeëdig)
code of practice	côd ymarfer (e.g.) (codau ymarfer)
coerce	gorfodi
coercion	gorfodaeth (e.b.)
cognitive	gwybyddol
cohabit	cyd-fyw
collusion	cyd-dwyllo
coma	coma (e.g.)(comâu)
Commission for Racial Equality	Cyngor dròs Gydraddoldeb Hiliol (e.g.)
commitment	ymrwymiad (e.g.)(-au)
committee of enquiry	pwyllgor ymchwilio (e.g.) (pwyllgorau ymchwilio)
common assault	ymosodiad cyffredin (e.g.) (ymosodiadau cyffredin)
communicate	cyfathrebu
communication	cyfathrebiad (e.g)(-au)
community	cymuned (e.b.)(-au)
community action	gweithredu cymunedol
community care	gofal yn y gymuned (e.g.)
community care manager	rheolwr gofal yn y gymuned (e.g.) (rheolwyr gofal yn y gymuned)
community centre	canolfan gymuned (e.b.) (canolfannau cymuned)

community council	cyngor cymuned (e.g.) (cynghorau cymuned)
community development	datblygiad cymuned (e.g.) (datblygiadau cymuned)
community health council	cyngor iechyd cymuned(e.g.) (cynghorau iechyd cymuned)
community home	cartref cymuned (e.g.) (cartefi cymuned)
community hospital	ysbyty cymuned (e.g.) (ysbytai cymuned)
community mental handicap team	tîm cymunedol anfantais feddyliol(e.g.) (timau cymunedol anfantais feddyliol)
community mental health centre	canolfan iechyd meddwl cymuned (e.b.) (canolfannau iechyd meddwl cymuned)
community nurse	nyrs gymuned (e.b.) (nyrsus cymuned)
community nurse, mental handicap	nyrs gymuned, anfantais feddyliol (e.b.) (nyrsus cymuned, anfantais feddyliol)
Community Programme	Rhaglen Gymuned
community psychiatric nurse	nyrs gymuned, seiciatryddol (e.b.) (nyrsus cymuned, seiciatryddol)
community service order	gorchymyn gwasanaeth cymuned (e.g.) (gorchmynion gwasanaeth cymumed)
community work	gwaith cymuned (e.g.)
community worker	gweithiwr cymuned (e.g.) (gweithwyr cymuned)
compatible	cydnaws
compensation	iawndal(e.g.)(iawndaliadau)
compliance	hydrinedd (e.g.) (-au)

compliance with a law	cydymffurfio â deddf
compliant	hawdd ei drin/hydrin
compulsion	gorfodaeth (e.b.)(-au)
compulsive	gorfodol
compulsory admission	derbyniad gorfodol (e.g.) (derbyniadau gorfodol)
compulsory school age	oed ysgol gorfodol (e.g.)
concessionary bus pass	tocyn mantais bws (e.g.) (tocynnau mantais bws)
conciliation service	gwasanaeth cymodi (e.g.) (gwasanaethau cymodi)
conditional discharge	rhyddhad amodol (e.g.)
condom	condom (e.g.) (-au)
confession	cyfaddefiad (e.g.)(-au)
confidential	cyfrinachol
confidentiality	cyfrinachedd (e.g.)
conflict	gwrthdrawiad (e.g.)(-au)
conform	cydymffurfio
confrontation	gwrthwynebiad (e.g.)(-au)
confused	cymysglyd
confusional	dryslyd
congenital	o'i eni/o'i geni
conjoint family therapy	therapi teulu ar y cyd (e.b.)
conscience	cydwybod (e.b.)(-au)
consequence	canlyniad (e.g.)(-au)
Constant Attendance Allowance	Lwfans Gweini Parhaol(e.g.)
consultant	ymgynghorwr (e.g.) (ymgynghorwyr)

consultant child psychiatrist	seiciatrydd ymgynghorol plant (e.g.) (seiciatryddion ymgynghorol plant)
consultant physician	meddyg ymgynghorol (e.g.) (meddygon ymgynghorol)
consultant psychiatrist	seiciatrydd ymgynghorol(e.g.) (seiciatryddion ymgynghorol)
contraception	atal cenhedlu
contraceptive	offer atal cenhedlu
contract	cytundeb (e.g.)(-au) contract [cyfreithiol] (e.g.)(-au)
contracted out	wedi cyfamodi allan
contractual work	gwaith o dan gytundeb(e.g.)
contradiction	gwrthddywediad (e.g.)(-au)
contribution year	blwyddyn gyfrannu (e.b.) (blynyddoedd cyfrannu)
control	rheolaeth (e.b.)
convalescence	gwellhad (e.g.)
convalescent home	cartref gwella (e.g.) (cartrefi gwella)
co-operation	cydweithrediad (e.g.)
co-ordinator	trefnydd (e.g.) (trefnyddion)
cope	ymdopi / dod i ben
cot death	marwolaeth grud (e.b.) (marwolaethau crud)
council house	tŷ cyngor (e.g.) (tai cyngor)
counsel	cyfarwyddo
counsellor	cyfarwyddwr (e.g.) (cyfarwyddwyr)
County Court	Llys Sirol (e.g.) (Llysoedd Sirol)

court	llys (e.g.)(-oedd)
court duty officer	swyddog dyletswydd llys (e.g.) (swyddogion dyletswydd llys)
Court of Protection	Llys Gwarchod (e.g.)
court officer	swyddog llys (e.g.) (swyddogion llys)
court report	adroddiad llys (e.g.) (adroddiadau llys)
co-worker	cydweithiwr (e.g.) (cydweithwyr)
craft instructor	hyfforddwr crefft (e.g.) (hyfforddwyr crefft)
credit union	undeb credyd (e.g.) (undebau credyd)
Criminal Justice Act	Deddf Cyfiawnder am Droseddau (e.b.)
criminal law	cyfraith droseddau (e.b.) (cyfreithiau troseddau)
crisis	argyfwng (e.g.)(argyfyngau)
crisis intervention	ymyrryd mewn argyfwng
criterion	maen prawf (e.g.) (meini prawf)
cross-cultural	rhyng-ddiwylliannol
Crown Court	Llys y Goron (e.g.) (Llysoedd y Goron)
cruelty	creulondeb (e.g.)(-au)/ creulonder (e.g.)(-au)
crutch	bagl (e.b.)(-au)
culture	diwylliant (e.g.) (diwylliannau)
culture bound	ynghlwm wrth ddiwylliant
culture conflict	gwrthdaro diwylliannol (e.g.) (gwrthdrawiadau diwylliannol)

custodial	cadwraethol
custodian	ceidwad (e.g.)(ceidwaid)
custodianship	cystodaeth (e.b.) (cystodaethau)
custodianship order	gorchymyn cystodaeth (gorchmynion cystodaeth)
custody	cadwraeth (e.b.); dalfa (e.b.)

D

day care	gofal dydd (e.g.)
day centre	canolfan ddydd (e.b.) (canolfannau dydd)
day hospital	ysbyty dydd (e.g.) (ysbytai dydd)
day nursery	meithrinfa ddydd (e.b.) (meithrinfâu dydd)
day release	rhyddhau am y dydd
deaf	byddar
deaf without speech	mud a byddar
deafness	byddardod (e.g.)
death certificate	tystysgrif marwolaeth(e.b.) (tystysgrifau marwolaeth)
debt counselling	cyfarwyddo ynghylch dyledion
deceased	ymadawedig
decentralization	datganoli
decentralized	wedi ei ddatganoli
deception	twyll (e.g.)
decree absolute	dyfarniad absoliwt (e.g.) (dyfarniadau absoliwt)
decree nisi	dyfarniad nisi (e.g.) (dyfarniadau nisi)

de facto foster parents	rhieni maeth de facto
defence mechanism	proses amddiffynnol (e.b.) (prosesau amddiffynnol)
deferred gratification	boddhad gohiriedig (e.g.)
deficiency	diffyg (e.g.)(-ion)
delegate	dirprwyo
delinquent	tramgwyddwr ifanc (e.g.) (tramgwyddwyr ifainc)
delinquent sub-culture	is-ddiwylliant tramgwyddol (e.g.) (is-ddiwylliannau tramgwyddol)
delirium	deliriwm (e.g.)
delirium tremens	deliriwm tremens (e.g.)
delusion	rhithdyb (e.b.)(-iau)
demented	ffwndrus (e.g.)
dementia	dementia / dryswch (e.g.)
dementing	ffwndro / colli cof
Department of Health and Social Security	Adran Iechyd a Nawdd Cymdeithasol (e.b.)
dependant	dibynnydd (e.g.) (dibynyddion)
dependent	dibynnol
dependent child	plentyn dibynnol (e.g.) (plant dibynnol)
dependent relative	perthynas dibynnol (e.g.) (perthnasau dibynnol)
dependency	dibyniaeth (e.b.)
depersonalization	dibersonoli (e.g.)
depot injection	pigiad depo (e.g.) (pigiadau depo)
depression	iselder (e.g.)(-au)

deprivation	amddifadiad (e.g.) (amddifadiadau)
deprived	amddifadus
deputy	dirprwy (e.g.)(-on)
detained patient	claf dan orchymyn (e.g.) (cleifion dan orchymyn)
detention centre	canolfan gadw (e.b.) (canolfannau cadw)
deterioration	dirywiad (e.g.) (dirywiadau)
determined	penderfynol
deterrent	ataliad (e.g.) (-au)
detoxicate	dadwenwyno
development	datblygiad (e.g.) (-au)
developmental	datblygiadol
developmental delay	oedi mewn datblygu (e.g.)
deviancy	gwyredigaeth (e.b.) (gwyredigaethau)
deviant	gwyredig (e.g.) (-ion) gwyredig (a.)
diet	diet (e.g.)(-au) / bwyd
dietician	dietydd (e.g.)(-ion)
direct placement	lleoli uniongyrchol
directive	cyfeiriol
director of social services	cyfarwyddwr gwasanaethau cymdeithasol (e.g.) (cyfarwyddwyr gwasanaethau cymdeithasol)
disability	anabledd (e.g.) (anableddau)
disability premium	premiwm anabledd (e.g.) (premiymau anabledd)
disabled children premium	premiwm plant anabl (e.g.) (premiymau plant anabl)

disabled parking badge	bathodyn parcio i'r anabl (e.g.) (bathodynnau parcio i'r anabl)
disablement resettlement officer	swyddog ailsefydlu'r anabl (e.g.) (swyddogion ailsefydlu'r anabl)
discretion	hawl i farnu (e.b.) (hawliau i farnu)
discrimination	gwahaniaethu; dirnadaeth (e.b.)(-au)
disorganized	anniben
dispersal prison	carchar didoli (e.g.) (carcharau didoli)
disseminate	lledaenu
distort	ystumio
district general hospital	ysbyty cyffredinol dosbarth (e.g.) (ysbytai cyffredinol dosbarth)
district health authority	awdurdod iechyd dosbarth (e.g.) (awdurdodau iechyd dosbarth)
district nurse	nyrs ardal (e.b.) (nyrsus ardal)
disturbed	wedi ei styrbio/ wedi cynhyrfu/ wedi ei darfu
diversity	amrywiaeth (e.b.)(-au)
divorce	ysgariad (e.g.)(-au)
divorce petition	deiseb ysgaru (e.b.) (deisebau ysgaru)
doctor	meddyg (e.g.) (-on)
domicile	cartref (e.g.)(-i)
domiciliary care	gofal cartref (e.g.)
domiciliary services	gwasanaethau cartref

domiciliary services officer	swyddog gwasanaethau cartref (e.g.) (swyddogion gwasanaethau cartref)
domiciliary visit	ymweliad â chartref (e.g) (ymweliadau â chartref)
dominant	trechaf
double bind	clymau dwbwl
drop-in centre	canolfan taro heibio(e.b.) (canolfannau taro heibio)
drop-out	gwrthgiliwr (e.g.) (gwrthgilwyr)
drug	cyffur (e.g.)(-iau)
drug abuse	camddefnydd o gyffuriau(e.g.)
drug dependency	dibyniaeth ar gyffuriau(e.b.)
drunk	meddwyn (e.g.)(meddwon); meddw
drunkenness	meddwdod (e.g.)
duration of stay	hyd arhosiad (e.g.)
duty of care	dyletswydd gofal (e.b.)
duty officer	swyddog ar ddyletswydd (e.g.) (swyddogion ar ddyletswydd)
dysarthia	parlys lleferydd (e.g.)
dyslexia	dyslecsia (e.g.)
dyspraxia	dyspracsia (e.g.)

E

early neo-natal	newydd-anedig cynnar
earned income	incwm a enillwyd (e.g.)
earnings rule	rheol enillion (e.b.) (rheolau enillion)

eclectic	eclectig
eczema	ecsema/llid y croen
education welfare officer	swyddog lles addysg (e.g.) (swyddogion lles addysg)
Educational Maintenance Allowance	Lwfans Cynnal Addysgol(e.g.)
educational psychologist	seicolegwr addysg (e.g.) (seicolegwyr addysg)
educationally sub-normal	addysgol is-normal
efficiency	effeithiolrwydd (e.g.)
egocentric	hunan-ganolog/egosentrig
egoism	myfîaeth (e.b.)/ egoistiaeth (e.b.)
egoist	fi fawr (e.g.) myfîwr (e.g.) (myfîwyr)/ egoist (e.g.) (egoistiaid)
egoistic	myfîol / egoistig
elbow crutch	bagl penelin (e.b.) (baglau penelin)
elderly	oedrannus
elderly mentally infirm	henoed dryslyd
elderly persons home	cartref hen bobl (e.g.) (cartrefi hen bobl)
elective amnesia	anghofio mympwyol
elective mute	mudandod dethol (e.g.)
emergency	achos brys (e.g.) (achosion brys)
emotion	emosiwn (e.g.)(emosiynau) / teimlad (e.g.)(-au)
emotional abuse	camdriniaeth emosiynol(e.b.) (camdriniaethau emosiynol)
emotional blackmail	blacmel emosiynol (e.g.)
emotional deprivation	amddifadiad emosiynol(e.g.) (amddifadiadau emosiynol)

emotional disturbance	cythrwfl emosiynol (e.g.)
emotional insecurity	ansicrwydd emosiynol (e.g.)
emotionally disturbed	emosiynol gythryblus
empathy	empathi (e.g.)
employee's contribution	cyfraniad y cyflogedig(e.g.) (cyfraniadau'r cyflogedig)
employer's contribution	cyfraniad y cyflogwr (e.g.) (cyfraniadau'r cyflogwr)
enable	galluogi
enabler	galluogwr (e.g.)(galluogwyr)
encopretic	yn baeddu / yn trochi
endogenous depression	iselder mewndarddol (e.g.) (iselderau mewndarddol)
enuretic	yn gwlychu
environment	amgylchedd (e.g.)(-au)
epilepsy	epilepsi (e.g.)
equal opportunity	cyfle cyfartal (e.g.) (cyfleoedd cyfartal)
equality	cydraddoldeb (e.g.)
equitable	teg
establishment	sefydliad (e.g.)(-au)
ethical	moesegol
ethics	moeseg (e.b.)
ethnic	ethnig
ethnicity	ethnigrwydd (e.g.)
ethnocentric	ethnosentrig
evaluate	pwyso a mesur / cloriannu
eviction	troi allan
eviction order	gorchymyn troi allan (e.g.) (gorchmynion troi allan)
evidence	tystiolaeth (e.b.)(-au)

exacerbate	gwaethygu
exclusion order	gorchymyn cadw allan (e.g.) (gorchmynion cadw allan)
exemption	esgusodiad (e.g.) (esgusodiadau)
existential psychotherapy	seicotherapi ddirfodol(e.b.)
existentialism	dirfodaeth (e.b.)
expectation	disgwyliad (e.g.)(-au)
explicit	manwl
expression	mynegiant (e.g.)
expressive language	iaith fynegiadol (e.b.)
extended family	teulu estynedig (e.g.) (teuluoedd estynedig)
extended treatment	triniaeth estynedig (e.b.) (triniaethau estynedig)
extrovert	allblyg

F

facilitator	hwyluswr (e.g.) (hwyluswyr)
failure to thrive	diffyg cynnydd (e.g.)
fair rent	rhent teg (e.g.) (rhenti teg)
family	teulu (e.g.)(-oedd)
Family Credit	Credyd Teulu (e.g.)
family dynamics	deinameg teulu (e.b.)
Family Income Supplement	Atodiad Incwm Teulu (e.g.)
family planning	trefnu teulu
family practitioner	meddyg teulu (e.g.) (meddygon teulu)

family premium	premiwm teulu (e.g.) (premiymau teulu)
family structure	ffurfiant teulu (e.g.)
family therapy	therapi teulu (e.g.)
fatal dose	dôs angheuol(e.g.) (dosau angheuol) / dogn angheuol (e.g.) (dognau angheuol)
father figure	ffigur tad (e.g.)
favouritism	ffafriaeth (e.b.)
feedback	ymateb (e.g.)(-ion) / adborth (e.g.)(-ion)
feminism	ffeministiaeth (e.b.)
fieldwork	gwaith maes (e.g.)
file	ffeil (e.b.)(-iau)
fine	dirwy (e.b.)(-on)
flat rate	cyfradd sefydlog (e.b.) (cyfraddau sefydlog)
foetus	ffoetws (e.g.)(ffoetysau)
follow up visit	ymweliad dilynol (e.g.) (ymweliadau dilynol)
food fad	mympwy bwyd (e.g.) (mympwyon bywd)
form	ffurflen (e.b.)(-ni) / ffurf (e.b.) (-iau)
formal admission	derbyniad ffurfiol(e.g.) (derbyniadau ffurfiol)
foster care	gofal maeth (e.g.)
foster child	plentyn maeth (e.g.) (plant maeth)
foster home	cartref maeth (e.g.) (cartrefi maeth)
foster parent	rhiant maeth (e.g.) (rhieni maeth)

foster parent form of undertaking	ffurflen cytundeb rhieni maeth (e.b.) (ffurflenni cytundeb rhieni maeth)
fostering	maethu
fostering allowance	lwfans maethu (e.g.) (lwfansiau maethu)
fractured	wedi torri
frail	bregus / llesg
frequency of contact	amlder cysylltiadau (e.g.)
fringe benefit	cilfantais (e.b.) (cilfanteision)
frustration	rhwystredigaeth (e.b.)(-au)
fuel direct payment	taliad tanwydd uniongyrchol(e.g.) (taliadau tanwydd uniongyrchol)
functional	ymarferol; gweithredol; at bwrpas

G

gait	cerddediad (e.g.)
gang	criw (e.g.)(-iau)
game without end	gêm ddiddiwedd (e.b.) (gemau diddiwedd)
gate-keeper	didolwr (e.g.) (didolwyr)
gender	rhyw (e.b.)(-iau)
gene	genyn (e.g.)(-nau)
general practitioner	meddyg teulu (e.g.) (meddygon teulu)
generic	generig
genetic	genetig

102

genetic counselling	cyfarwyddo genetig (e.g.)
geriatric	geriatrig
geriatric chair	cadair-gefn-uchel (e.b.) (cadeiriau-cefn-uchel)
geriatric hospital	ysbyty geriatreg (e.g.) (ysbytai geriatreg) ysbyty henoed (e.g.) (ysbytai henoed)
geriatrician	geriatregwr (e.g.)(-wyr)
geriatrics	geriatreg (e.b.)
gesture	ystum (e.b.)(-iau)
glue sniffing	snwyro glud
goal	amcan (e.g.)(-ion) / nod (e.g.) (-au)
good neighbour scheme	cynllun cymydog da (e.g.) (cynlluniau cymdogion da)
grab rail	canllaw fach (e.b.) (canllawiau bach)
graduated contribution	cyfraniad graddedig (e.g.) (cyfraniadau graddedig)
Graduated Retirement Benefit	Budd-dal Graddedig Ymddeol (e.g.)
grand-mal	grand-mal
gratification	boddhad (e.g.)
greenstick fracture	sigiad asgwrn (e.g.)
gregarious	cymdeithasgar
grief	galar (e.g.)
grief reaction	adwaith galar (e.g.) (adweithiau galar)
gross indecency	anwedduster garw (e.g.) (anweddusterau garw)
group	grŵp (e.g.)(-iau)
group care	gofal grŵp
group dynamics	deinameg grŵp (e.b.)

group therapy	therapi grŵp (e.g.)
groupwork	gwaith grŵp (e.g.)
guardian	gwarcheidwad (e.g.) (gwarcheidwaid)
Guardian Ad Litem	Gwarcheidwad Ad Litem(e.g.)
Guardian's Allowance	Lwfans Gwarcheidwad (e.g.)
guardianship	gwarcheidwaeth (e.b.)
guide-dog	ci tywys (e.g.) (cŵn tywys)
guideline	canllaw (e.b.)(-iau)
guilt	euogrwydd (e.g.)
guilty	euog
gynaecologist	gynaecolegydd (e.g.)(-ion)
gynaecology	gynaecoleg (e.b.)

H

half-way house	hostel hanner ffordd(e.b.) (hosteli hanner ffordd)
hallucinating	rhith-weld / rhith-synhwyro
hallucination	rhith (e.g.)(rhithiau)
hand reacher	gefail help llaw (e.b.) (gefeiliau help llaw)
handicap	anfantais (e.b.) (anfanteision)
hard drug	cyffur trwm (e.g.) (cyffuriau trwm)
hard of hearing	trwm ei glyw/ trwm ei chlyw
health centre	canolfan iechyd (e.b.) (canolfannau iechyd)

health education	addysg iechyd (e.b.)
health visitor	ymwelydd iechyd (e.g.) (ymwelyddion iechyd)
hearing aid	teclyn clywed (e.g.) (taclau clywed)
hearing impairment	nam ar y clyw (e.g.)
heart disease	clefyd y galon (e.g.)
helping hand/hand reacher	gefail help llaw (e.b.) (gefeiliau help llaw)
hemiplegia	parlys un ochr (e.g.)
hereditary	etifeddol
heterosexual	gwahanrywiol
hierarchy	hierarchaeth (e.b.)(-au)
hierarchy of needs	hierarchaeth anghenion(e.b.)
high	yn uchel
high court	uchel lys (e.g.) (uchel lysoedd)
hire-purchase	hur-bwrcas / hur-brynu
hoist	teclyn codi (e.g.) (taclau codi)
holism	cyfaniaeth (e.b.)
holistic	cyfannol
home finder	swyddog llety (e.g.) (swyddogion llety)
home help	cymorth cartref (e.g.) (cymhorthion cartref)
home help organiser	trefnydd cymorth cartref (e.g.) (trefnyddion cymorth cartref)
Home Office	y Swyddfa Gartref (e.b.)
home responsibilities	cyfrifoldebau cartref
home visit	ymweliad â chartref (e.g.) (ymweliadau â chartref)

homeless	digartref
homes officer	swyddog cartrefi (e.g.) (swyddogion cartrefi)
homosexual	gwrywgydiwr (e.g.) (gwrywgydwyr) / lesbiad (e.b.) (lesbiaid) gwrywgydiol (a) lesbiaidd (a.)
hospice	hosbys (e.b.) (hosbysau)
hospital	ysbyty (e.g.)(ysbytai)
hospital social work index	mynegai gwaith cymdeithasol ysbyty (e.g.)
hospitalize	anfon i'r ysbyty
hostel	hostel (e.b.)(-i)
hostile	gelyniaethus
housebound	caeth i'r tŷ
householder	preswyliwr (e.g.) (preswylwyr)
houseparent	rhiant tŷ (e.g.)(rhieni tŷ)
houseproud	gor-barticlar / gor-gymhenllyd
housing association	cymdeithas dai (e.b.) (cymdeithasau tai)
Housing Benefit	Budd-dal Tai (e.g.)
Housing Benefit Supplement	Atodiad Budd-dal Tai (e.g.)
hyperactive	gorfywiog
hypomanic	hypomanig
hypothermia	hypothermia (e.g.)
hypothesis	amcaniaeth (e.b.)(-au)
hysteria	hysteria (e.g.)

I

identify with	ymuniaethu â
identity	hunaniaeth (e.b.)
idiosyncrasy	hynodrwydd (e.g.)
idiosyncratic	hynod
illegitimacy	anghyfreithlondeb (e.g.)
illegitimate	anghyfreithlon
illiteracy	anllythrennedd (e.g.)
illiterate	anllythrennog
illness	salwch (e.g.)(salychau) / gwaeledd (e.g.) / tostrwydd (e.g.)
image	delwedd (e.b.)(-au)
imaginary	dychmygol
imagination	dychymyg (e.g.)
imaginative	llawn dychymyg
imitate	dynwared
immature	anaeddfed
immigrant	mewnfudwr (e.g.) (mewnfudwyr)
immunization	imiwneiddio
implicit	ymhlyg yn
impulsive	byrbwyll
in care	mewn gofal
in need of care and protection	angen gofal a nawdd arno/arni
inadequate	annigonol
incest	llosgach (e.g.)
income related benefit	budd-dal yn ôl enillion(e.g.)

Income Support	Ategiad Incwm (e.g.)
income tax	treth incwm (e.b.)
incompatible	anghydnaws
incontinence	methu dal / anymataliaeth (e.b.)
incontinent	yn gwlychu; yn gwlychu a baeddu/ yn gwlychu a throchi
indecency	anwedduster (e.g.) (anweddusterau)
indecent assault	ymosodiad anweddus (e.g.) (ymosodiadau anweddus)
indecent exposure	dinoethi anweddus
indicator	arwydd (e.g.) (-ion)
individualism	unigolyddiaeth (e.b.)
individualist	unigolydd (e.g.) (unigolyddion)
individuality	unigolrwydd (e.g.)
Industrial Death Benefit	Budd-dal Marwolaeth Ddiwydiannol (e.g.)
Industrial Injury Compensation	Iawndal Niwed Diwydiannol (e.g.)
inequity	annhegwch (e.g.)
infancy	mebyd (e.g.)
infant	plentyn bach (e.g.) (plant bach)
infanticide	babanladdiad (e.g.) (babanladdiadau)
infertility	anffrwythlondeb (e.g.)
inflexible	anhyblyg
informal admission	derbyniad anffurfiol(e.g) (derbyniadau anffurfiol)
informant	hysbyswr (e.g.) (hysbyswyr)

in-group	grŵp mewnol (e.g.) (grwpiau mewnol)
inhibited	ataliad arno/arni(e.g.)
inhibition	ataliad (e.g.)(-au)
initial interview	cyfweliad cyntaf (e.g.) (cyfweliadau cyntaf)
injection	pigiad (e.g.) (-au)
injunction	gwaharddeb (e.b.) (-au)
innate	cynhenid
innocent	dieuog [cyfreithiol]; diniwed
innovation	arloesiad (e.g.)(-au)
innovatory	arloesol
in-patient	claf preswyl (e.g.) (cleifion preswyl)
inquest	cwest (e.g.)(-au)
insane	gwallgof
In-Service Course in Social Care	Cwrs mewn Swydd ar Gyfer Gofal Cymdeithasol (e.g.)
in-service training	hyfforddiant mewn swydd(e.g.)
insight	mewnwelediad (e.g.) (-au)
instability	ansadrwydd (e.g.) / ansefydlogrwydd (e.g.)
instant gratification	boddhad parod (e.g.)
instinct	greddf (e.b.)(-au)
institution	sefydliad (e.g.)(-au)
institutional racism	hiliaeth gyfundrefnol(e.b.)
institutionalize	sefydliadu
institutionalized	sefydliadus
insulin	insiwlin (e.g.)
intake team	tîm derbyn (e.g.) (timau derbyn)

integrate	ymdoddi
integration	ymdoddiad (e.g.)
intelligence	deallusrwydd (e.g.)
intelligence quotient	mesur deallusrwydd (e.g.)
intensive care	gofal dwys (e.g.)
interaction	rhyngweithiad (e.g.) (rhyngweithiadau)
interdependent	rhyngddibynnol
interdisciplinary	rhyngddisgyblaethol
interim care order	gorchymyn gofal dros dro (e.g.) (gorchmynion gofal dros dro)
intermediate treatment	triniaeth ganolradd(e.b.)
internalization	mewnoliad (e.g.) (mewnoliadau)
internalize	mewnoli
intervention	ymyriad (e.g.)(-au)
interview	cyfweliad (e.g.)(-au)
interview room	ystafell gyfweld (e.b.) (ystafelloedd cyfweld)
interviewer	holwr (e.g.)(holwyr)
intimacy	agosatrwydd (e.g.)
intoxication	meddwdod (e.g.)
intractable	anhydrin
introspective	mewnsyllgar
introvert	mewnblyg
invalid	methedig
Invalid Care Allowance	Lwfans Gofal dros yr Analluog (e.g.)
Invalidity Allowance	Lwfans Anralluedd (e.g.)

Invalidity Benefit	Budd-dâl Analluedd (e.g)
Invalidity Pension	Pensiwn Analluedd (e.g.)
irrational	afresymol; direswm
isolated	ar ei ben ei hun / gwahanedig

J

Jobcentre	Canolfan Waith (e.b.) (Canolfannau Gwaith)
joint care planning	cyd-gynllunio gofal
joint financing	cyllido ar y cyd
jurisdiction	awdurdod cyfreithiol(e.g.)
justice of the peace	ynad heddwch (e.g.) (ynadon heddwch)
juvenile court	llys plant (e.g.) (llysoedd plant)
juvenile delinquency	tramgwyddaeth yr ifanc
juvenile delinquent	tramgwyddwr ifanc (e.g.) (tramgwyddwyr ifainc)
juvenile liaison officer	swyddog cyswllt ieuenctid (e.g.) (swyddogion cyswllt ieuenctid)
juvenile offender	troseddwr ifanc (e.g.) (troseddwyr ifainc)

K

key worker	gweithiwr allweddol(e.g.) (gweithwyr allweddol)

L

labelling theory	theori labelu (e.b.)
labour-pains	gwewyr esgor (e.g.)
landlord	landlord (e.g.) (-iaid)
language programme	rhaglen iaith (e.b.)
latent	cudd
law	deddf (e.b.)(-au)/ cyfraith(e.b.)(cyfreithiau)
law centre	canolfan gyfraith (e.b.) (canolfannau cyfraith)
lawyer	cyfreithiwr (e.g.) (cyfreithwyr)
leader	arweinydd (e.g.) (arweinyddion; arweinwyr)
league of friends	cymdeithas gyfeillion(e.b.) (cymdeithasau cyfeillion)
learning theory	theori dysgu (e.b.)
lease	prydles (e.b.)(-i)(-au)
leaseholder	prydleswr (e.g.) (prydleswyr)
legal advice	cyngor cyfreithiol(e.g.)
legal aid	cymorth cyfreithiol (e.g.)
legitimate	cyfreithlon
leisure	hamdden (e.g.)
lesbian	lesbiad (e.b.)(lesbiaid)
lesbian (a.)	lesbiaidd (a.)
liable relative	perthynas atebol (e.b.) (perthnasau atebol)
liaison	cysylltiad (e.g.)(-au)
life cycle	rhod bywyd (e.b.) / cylch oes (e.g.)

life sentence licence	trwydded o ryddhad o gadwraeth am oes (e.b.)
life span	hyd oes (e.g.)
life style	dull o fyw (e.g.) (dulliau o fwy)
limitation	cyfyngiad (e.g.)(-au)
limited	cyfyngedig
line management	rheolaeth atebol (e.b.)
line manager	rheolwr atebol (e.g.) (rheolwyr atebol)
link person	dolen gyswllt (e.b.) (dolenni cyswllt)
loaded question	cwestiwn awgrymus (e.g.) (cwestiynau awgrymus)
local authority	awdurdod lleol (e.g.) (awdurdodau lleol)
local prison	carchar lleol (e.g.) (carcharau lleol)
long cane	ffon hir (e.b.) (ffyn hirion)
long handled shoe horn	siasbin hir (e.g.)
long stay bed	gwely arhosiad hir (e.g.) (gwelyau arhosiad hir)
long term illness	salwch tymor hir (e.g.)
long term rate	cyfradd dymor hir (e.b.) (cyfraddau tymor hir)
long term team	tîm tymor hir (e.g.) (timau tymor hir)
loss	colled (e.b.)(-ion)
lunch club	clwb cinio (e.g.) (clybiau cinio)

M

mad	gwallgof
madness	gwallgofrwydd (e.g.)

Magistrates Court	Llys Ynadon (e.g.) (Llysoedd Ynadon)
maiden name	enw cyn priodi
maintenance	cynhaliaeth (e.b.)
maintenance order	gorchymyn cynnal (e.g.) (gorchmynion cynnal)
major tranquillizer	tawelyn cryfaf; (e.g.) (tawelion cryfaf)
maladjusted child	plentyn heb ymaddasu (e.g.) (plant heb ymaddasu)
maladjustment	diffyg ymaddasiad (e.g.)
maladministration	camweinyddu
malignant	llidiog
malnutrition	diffyg maeth (e.g.)
management committee	pwyllgor rheoli (e.g.) (pwyllgorau rheoli)
management problem	problem reoli (e.b.) (problemau rheoli)
manager	rheolwr (e.g.) (rheolwyr)
managerial	yn ymwneud â rheolaeth
mandatory	gorfodol
mania	mania (e.g.)
manic depression	iselder gwallgofus (e.g.)
manipulation	gwneud defnydd
manipulative	ystrywgar
Manpower Services Commission	Comisiwn Gwasanaethau'r Gweithlu (e.g.)
manslaughter	dynladdiad (e.g.)
marital breakdown	tor priodas (e.g.)
marital status	statws priodasol (e.g.)
marriage guidance	cyfarwyddyd priodas(e.g.)

Marriage Guidance Council	Cyngor Cyfarwyddo Priodas (e.g.)
marriage guidance counsellor	cyfarwyddwr priodas (e.g.) (cyfarwyddwyr priodas)
matching	cydweddu
material help	cymorth materol (e.g.)
maternal	mamol
maternal deprivation	amddifad o fam
maternal love	cariad mam (e.g.)
Maternity Allowance	Lwfans Mamolaeth (e.g.)
Maternity Benefit	Budd-dal Mamolaeth (e.g.)
maternity hospital	ysbyty mamolaeth (e.g.) (ysbytai mamolaeth)
maternity leave	seibiant mamolaeth (e.g.)
matrimonial care order	gorchymyn gofal priodasol (e.g.) (gorchmynion gofal priodasol)
matrimonial supervision order	gorchymyn goruchwylio priodasol (e.g.) (gorchmynion goruchwylio priodasol)
maturation	aeddfediad (e.g.)
mature	aeddfed
maximum security prison	carchar diogelwch eithaf (e.g.) (carcharau diogelwch eithaf)
meals on wheels	pryd ar glud (e.g.)
means test	prawf modd (e.g.)
mediator	cyfryngwr (e.g.) (cyfryngwyr)
medical appeal tribunal	tribiwnlys apêl meddygol (e.g.) (tribiwnlysoedd apêl meddygol)

medical social work	gwaith cymdeithasol meddygol(e.g.)
menstruation	misglwyf (e.g.)/ mislif (e.g.)
mental age	oedran meddyliol (e.g.)
mental deterioration	dirywiad meddyliol (e.g.)
mental development	datblygiad meddyliol (e.g.)
mental disorder	anhwylder meddwl (e.g.)
mental disturbance	cynnwrf meddwl (e.g.)
mental handicap	anfantais feddyliol (e.b.)
mental health	iechyd meddwl (e.g.)
Mental Health Act	Deddf Iechyd Meddwl (e.b.)
mental health act licence	trwydded deddf iechyd meddwl(e.b.) (trwyddedau deddf iechyd meddwl)
Mental Health Commission	Comisiwn Iechyd Meddwl(e.g.)
mental health resource centre	canolfan adnoddau iechyd meddwl (e.b.) (canolfannau adnoddau iechyd meddwl)
mental health review tribunal	tribiwnlys adolygu iechyd meddwl (e.g.) (tribiwnlysoedd adolygu iechyd meddwl)
mental illness	afiechyd meddwl (e.g.) (afiechydon meddwl)
mental nursing home	cartref ymgeledd meddwl(e.g.) (cartrefi ymgeledd meddwl)
method	dull (e.g.)(-iau)
methodology	methodoleg (e.b.)
middle age	canol oed
middle class	dosbarth canol (e.g.)
midwife	bydwraig (e.b.)(bydwragedd)

minimum wage	isrif cyflog (e.g.)
minor tranquillizer	tawelyn gwan (e.g.) (tawelion gwan)
minority ethnic group	grŵp ethnig lleiafrifol(e.g.) (grwpiau ethnig lleiafrifol)
Misuse of Drugs Act	Deddf Camddefnydd Cyffuriau (e.b.)
miscarriage	colli plentyn
mobile	medru symud
Mobility Allowance	Lwfans-Symud-o-Gwmpas (e.g.)
mobility scheme	cynllun mudo (e.g.)
molest	ymyrryd
molestation	ymyrraeth (e.b.)(ymyraethau)
monitor; monitoring	cadw golwg
mood	hwyl (e.b.)(-iau)
mood swings	hwyliau ansad
moodiness	oriogrwydd (e.g.)
moody	oriog
moral	moesol
moral danger	perygl moesol(e.g.) (peryglon moesol)
morale	ysbryd (e.g.) / morâl (e.g.)
morality	moesoldeb (e.g.)
mother figure	ffigur mam (e.g.)
mother substitute	mam wen (e.g.)
mothercraft	crefft y fam (e.b.)
motive	cymhelliad (e.g.) (cymhellion)
motivation	cymhelliant (e.g.) (cymelliannau)
mourn	galaru

117

multi disciplinary team	tîm aml-ddisgyblaethol(e.g.) (timau aml-ddisgyblaethol)
multiple deprivation	amddifadiad niferus (e.g.) (amddifadiadau niferus)
multiple fractures	toriadau niferus
multiple sclerosis	parlys ymledol (e.g.)
multiplicity	llaweroedd (e.g.)
murder	llofruddiaeth (e.b.)(-au)
muscular dystrophy	dystroffi'r cyhyrau (e.g.)
mutual support	cyd-gefnogaeth (e.b.)
mutually satisfying	cyd-foddhaol

N

nappy	cewyn (e.g.) (cewynnau)/ clwt (e.g.)(clytiau)
natal	genedigol
National Health Service	Gwasanaeth Iechyd Gwladol (e.g.)
National Insurance	Yswiriant Gwladol(e.g.)
natural childbirth	genedigaeth naturiol(e.b.) (genedigaethau naturiol)
need	angen (e.g.)(anghenion)
negative feedback	ymateb negyddol (e.g.)
negative reinforcement	atgyfnerthiad negyddol(e.g.) (atgyfnerthiadau negyddol)
neglect	diofalwch (e.g.); esgeulustod (e.g.)
negotiable	yn agored i drafodaeth
negotiate	trafod
negotiator	trafodwr (e.g.) (trafodwyr)

neighbourhood	cymdogaeth (e.b.) (cymdogaethau)
neighbourhood centre	canolfan gymdogaeth (e.b.) (canolfannau cymdogaeth)
neighbourhood law centre	canolfan gyfraith leol (e.b.) (canolfannau cyfraith lleol)
neighbourhood service	gwasanaeth cymdogaeth (e.g.) (gwasanaethau cymdogaeth)
neo-natal	newydd-enedigol
neo-natal paediatrics	paediatreg newydd-enedigol(e.b.)
neonate	newyddanedig
nervous	nerfus; nerfol [ffisioleg]
network	rhwydwaith (e.g.) (rhwydweithiau)
neurosis	niwrosis (e.g.)
neurotic	niwrotig
next of kin	perthynas agosaf (e.b.) (perthnasau agosaf)
night sitter	gofalwr nos (e.g.) (gofalwyr nos)
night sitting service	gwasanaeth gofal nos(e.g.) (gwasanaethau gofal nos)
non-accidental injury	anaf nad yw'n ddamweiniol (e.g.) (anafiadau nad ydynt yn ddamweiniol)
non-contributory	anghyfrannol
non custodial	digadwraeth/anghadwraethol
non dependent deduction	gostyngiad person nad yw'n ddibynnol (e.g.) (gostyngiadau pobl nad ydynt yn ddibynnol)
non-directive	anghyfeiriol

non householder	person nad yw'n ddeiliad (e.g.) (pobl nad ydynt yn ddeiliaid)
non-judgemental	yn gohirio barn
non-molestation order	gorchymyn i beidio ag ymyrryd (e.g.) (gorchmynion i beidio ag ymyrrydd) gorchymyn i gadw rhag ymyrryd (e.g.) (gorchmynion i gadw rhag ymyrryd)
non-residential	dibreswyl
non variable	digyfnewid
non verbal communication	cyfathrach ddi-eiriau(e.b.)
non-violent	di-drais
norm	norm (e.g.)(-au)
normal	normal
normalization	normaleiddiad (e.g.) (normaleiddiadau)
normalize	normaleiddio
notice of assessment	rhybudd o asesiad (e.g.) (rhybuddion o asesiad)
notice to quit	rhybudd i ymadael (e.g.)
nuclear family	teulu cnewyllol (e.g.) (teuluoedd cnewyllol)
nursery	meithrinfa (e.b.) (meithrinfâu)
nursery school	ysgol feithrin (e.b.) (ysgolion meithrin)
nursing-home	cartref ymgeledd (e.g.) (cartrefi ymgeledd)
nursing officer	swyddog nyrsio (e.g.) (swyddogion nyrsio)
nurture	meithrin
nutrition	maeth (e.g.)

nutritious	maethlon

O

obedience	ufudd-dod (e.g.)
obedient	ufudd
obese	tew iawn
objective	amcan (e.g.)(-ion)
objectivity	gwrthrychedd (e.g.)
observation	cadw dan sylw
observe	sylwi
obsession	obsesiwn (e.g.)(obsesiynau)
obsessional	obsesiynol
occupational pension	pensiwn galwedigaethol (e.g.) (pensiynau galwedigaethol)
occupational therapist	therapydd galwedigaethol (e.g.) (therapyddion galwedigaethol)
occupational therapy	therapi gwaith (e.g.)
offence	trosedd (e.g.)(-au)
offending behaviour	ymddygiad troseddol (e.g.) (ymddygiadau troseddol)
office duty	dyletswydd swyddfa (e.b.)
officer in charge	swyddog â gofal (e.g.)
Official Solicitor	Y Cyfreithiwr Swyddogol
old age	henaint (e.g.)
old people's home	cartref henoed (e.g.) (cartrefi henoed)
ombudsman	ombwdsmon (e.g.)(ombwdsmyn)
on going	cyfredol

One Parent Benefit	Budd-dal un Rhiant (e.g.)
one parent family	teulu un rhiant (e.g.) (teuluoedd un rhiant)
one to one interview	cyfweliad un ac un (e.g.) (cyfweliadau un ac un)
onset	dechrau (e.g.)
open prison	carchar agored (e.g.) (carcharau agored)
open question	cwestiwn penagored (e.g.) (cwestiynau penagored)
operational	gweithredol
operative	mewn grym
optimize	gwneud y gorau
origins	gwreiddiau
out-patient	claf allan (e.g.) (cleifion allan)
overcrowded	gorlawn
over-dose	dôs gormodol (e.g.) /
out-patient	claf allan (e.g.) (cleifion allan)
overcrowded	gorlawn
over-dose	dôs gormodol (e.g.) / (gorymatebion)
overtime	goramser (e.g.)
owner-occupier	perchennog preswyl (e.g.) (perchnogion preswyl)

P

paediatric	paediatrig
paediatric social worker	gweithiwr cymdeithasol paediatrig (e.g.) (gweithwyr cymdeithasol paediatrig)

paediatrician	paediatregydd (e.g.)(-ion)
paediatrics	paediatreg (e.b.)
paralysis	parlys (e.g.)
paranoia	paranoia (e.g.)
paraplegia	parlys cyfan (e.g.)
parent	rhiant (e.g.)(rhieni)
parental involvement	ymwneud y rhieni (e.g.)
parental rights	hawliau rhieni
parole	parôl (e.g.)
part III accommodation	llety rhan III (e.g.)
partial sight	lled weld
partially sighted	yn lled weld
participation	cyfranogi
passive	goddefol
pastoral care	gofal bugeiliol (e.g.)
patch system	gwaith bro (e.g.)
paternal	tadol
paternalism	tadofalaeth (e.b.)
paternity	tadolaeth (e.b.) (tadolaethau)
pathology	patholeg (e.b.)
peer	cyfoed (e.g.)(-ion)
peer group	grŵp cyfoed (e.g.) (grwpiau cyfoed)
pension	pensiwn (e.g.) (pensiynau)
pension age	oed pensiwn (e.g.)
peri-natal	amenedigol
permanent	parhaol

permanence	sefydlogrwydd (e.g.)
personal social services	gwasanaethau cymdeithasol personol
personality	personoliaeth (e.b.) (personoliaethau)
personality disorder	anhwylder personoliaeth(e.g.) (anhwylderau personoliaeth)
perversion	gwyrdroad (e.g.)(gwyrdroadau)
petit-mal	petit-mal
phobia	ffobia (e.b.)(-u)
physical dependance	dibyniaeth gorfforol(e.b.)
physical disability	anabledd corfforol (e.g.) (anableddau corforol)
physical handicap	anfantais gorfforol (e.b.) (anfanteision corfforol)
physical injury	anaf corfforol (e.g.) (anafiadau corfforol)
physical neglect	esgeulustod corfforol (e.g.)
physiotherapist	ffysiotherapydd (e.g.) (ffysiotherapyddion)
physiotherapy	ffysiotherapi (e.g.)
pivot	canolbwynt (e.g.) (canolbwyntiau)
pivotal	canolog
place of safety	man diogel (e.g.) (mannau diogel)
place of safety order	gorchymyn diogelu (e.g.) (gorchmynion diogelu)
placebo	plasebo (e.g.)
placement	lleoliad (e.g.)(-au)
placement officer	swyddog lleoli (e.g.) (swyddogion lleoli)
plate guard	gard plât (e.g.) (gardiau plât)

play scheme	cynllun chwarae (e.g.) (cynlluniau chwarae)
play therapy	therapi chwarae (e.g.)
playgroup	grŵp chwarae (e.g.) (grwpiau chwarae)
playing a sick role	bod yn glaf diglefyd
pocket money	pres poced (e.g.)/ arian poced (e.g.)
police	heddlu (e.g.)(-oedd)
poor	tlawd
Poor Law	Deddf y Tlodion (e.b.)
positive discrimination	ffafrio
positive feedback	ymateb cadarnhaol (e.g.)
positive reinforcement	atgyfnerthiad cadarnhaol (e.g.) (atgyfnerthiadau cadarnhaol)
post-natal	ôl-enedigol
post-natal depression	iselder ar ôl geni (e.g.)
potential	potensial
poverty	tlodi (e.g.)
poverty line	ffin dlodi (e.b.)
poverty trap	magl dlodi (e.b) / cors dlodi (e.b.)
practice curriculum	cwricwlwm ymarfer (e.g.)
practice learning	dysgu trwy ymarfer
practice teacher	athro ymarfer (e.g.) (athrawon ymarfer)
practitioner	ymarferwr (e.g.) (ymarferwyr)
pre-adoption	cyn y mabwysiadu
pre-adoption foster parents	rhieni maeth cyn y mabwysiadu
predisposition	rhagdueddiad (e.g.)

pregnancy	beichiogrwydd (e.g.)
pregnant	beichiog
prejudice	rhagfarn (e.b.)(-au)
prejudicial to health	niweidiol i iechyd
Preliminary Certificate in Social Care	Tystysgrif Ragarweiniol mewn Gofal Cymdeithasol (e.b.)
premature	cynamserol
pre-menstrual tension	tyndra cyn misglwyf (e.g.)/ tyndra cyn mislif (e.g.)
pre-natal	cyn geni
prescription	prescripsiwn (e.g.) (prescripsiynau)
presenting problem	problem a gyflwynir (e.b.)
pressure group	carfan dwyn pwysau (e.b.) (carfanau dwyn pwysau)
presume	rhagdybio
presumption	rhagdybiaeth (e.b.)(-au)
preventive work	gwaith ataliol (e.g.)
pre-verbal skills	sgiliau cyn siarad
primary care team	tîm gofal cychwynnol (e.g.)
primary school	ysgol gynradd (e.b.) (ysgolion cynradd)
principal officer	prif swyddog (e.g.) (prif swyddogion)
priority	blaenoriaeth (e.b.)(-au)
prison	carchar (e.g.)(-au)
prison visitor	ymwelydd carchar (e.g.) (ymwelyddion carchar)
private home for the elderly	cartref preifat i'r henoed (e.g.) (cartrefi preifat i'r henoed)

privation	amddifadrwydd o'r cychwyn (e.g.)
privatise	preifateiddio
probation and after-care service	gwasanaeth prawf a gofal wedyn (gwasanaethau prawf a gofal wedyn)
probation hostel	hostel y gwasanaeth prawf (e.b.) (hosteli'r gwasanaeth prawf)
probation officer	swyddog prawf (e.g.) (swyddogion prawf)
probation order	gorchymyn prawf (e.g.) (gorchmynion prawf)
probative value	gwerth y dystiolaeth (e.g.)
proceedings	gweithrediadau
process recording	cofnodi tra manwl
professional [as a noun]	gweithiwr proffesiynol(e.g.) (gweithwyr proffesiynol)
professional indemnity	indemniad proffesiynol(e.g.)
profoundly deaf	hollol fyddar
promiscuous	amlgymharus
promiscuity	amlgymharaeth (e.b.)
proper development	datblygiad priodol (e.g.)
protection of property	diogelu eiddo (e.g.)
psychiatric clinic	clinig seiciatryddol (e.g.) (clinigau seiciatryddol)
psychiatric hospital	ysbyty seiciatryddol (e.g.) (ysbytai seiciatryddol)
psychiatric nurse	nyrs seiciatryddol (e.b.) (nyrsus seiciatryddol)
psychiatric social work	gwaith cymdeithasol seiciatryddol (e.g.)
psychiatrist	seiciatrydd (e.g.)(-ion)

psychiatry	seiciatreg (e.b.)
psycho-analysis	seicdreiddiad (e.g.)
psychoanalyst	seicdreiddiwr (e.g.) (seicdreiddwyr)
psychogeriatric	seicogeriatrig
psychogeriatrician	seicogeriatrydd (e.g.) (-ion)
psychological dependance	dibyniaeth seicolegol (e.b.)
psychologist	seicolegwr (e.g.) (seiciolegwyr)
psychology	seicoleg (e.b.)
psychopathic	seicopathig
psychosexual	seicorywiol
psychosis	seicosis (e.g.)
psychosomatic	seicosomatig
psychotherapy	seicotherapi (e.b.)
puberty	glaslencyndod (e.g.)
public liability insurance	yswiriant atebolrwydd cyhoeddus (e.g.)
public transport	cludiant cyhoeddus (e.g.)
puerperal depression	iselder ar ôl geni (e.g.)
pulpit walking aid	ffrâm bulpud (e.b.) (fframiau pulpud)
punishment	cosb (e.b.)(-au)
punitive	cosbol
purpose built	adeiladwyd i bwrpas
put in care	rhoi mewn gofal (e.g.)
putative	tebygol
putative father	tad tebygol (e.g.)

Q

qualified	cymwysedig
qualifying training	hyfforddiant cymhwysol(e.g.)
qualitative	ansoddol
quantitative	yn ôl y maint
questionnaire	holiadur (e.g.)(-on)

R

Race Relations Act	Deddf Cysylltiadau Hiliol (e.b.)
racism	hiliaeth (e.b.)
racist	hiliwr (e.g.) (hilwyr)
racist (a.)	hiliol
raised toilet seat	sedd doiled uchel (e.b.) (seddau toiled uchel)
ramp	ramp (e.b.)(-iau)
rape	trais rhywiol(e.g.); treisio'n rhywiol
rate rebate	ad-daliad treth (e.g.) (ad-daliadau treth)
rational	rhesymol
rationalisation	rhesymoliad (e.g.)(-au)
rationalize	rhesymoli / ad-drefnu
rationing	dogni
reaction	adwaith (e.g.)(adweithiau)
reactive	adweithiol
reactive depression	iselder adweithiol (e.g.)
reality orientation	atgoffa o realaeth
reality testing	rhoi prawf ar realaeth

reassurance	tawelu meddwl; cysur (e.g.)
reassuring	yn tawelu meddwl / cysurlon
rebate	ad-daliad (e.g.)(-au)
rebellious	gwrthryfelgar
reception	derbynfa (e.b.) (derbynfeydd)
reception centre	canolfan dderbyn (e.b.) (canolfannau derbyn)
reception into care	derbyniad i ofal (e.g.) (derbyniadau i ofal)
receive into care	derbyn i ofal
receptionist	derbynnydd (e.g.) (derbynyddion)
recommend	argymell
recommendation	argymhelliad (e.g.) (argymhellion)
redundancy	diswyddaeth (e.b.)(-au)
referral	cyfeiriad (e.g.) (cyfeiriadau)
referral form	cyfeireb (e.b.) (cyfeirebau)
referrer	cyfeiriwr (e.g.) (cyfeirwyr)
reflect	adlewyrchu
refuge	lloches (e.b.)(-au)
refugee	ffoadur (e.g.)(-iaid)
regime	cyfundrefn (e.b.)(-au)
regional homes	cartrefi rhanbarthol
regional psychiatric intensive care unit	uned gofal dwys seiciatryddol ranbarthol (e.b.) (unedau gofal dwys seiciatryddol rhanbarthol)
register	cofrestr (e.b.)(-au)

regress	llithro'n ôl
regression	atchweliad (e.g.)(-au)
rehabilitation	adferiad (e.g.)(-au)
Rehabilitation of Offenders Act	Deddf Ailsefydlu Troseddwyr (e.b.)
reinforce	atgyfnerthu
reinforcement	atgyfnerthiad (e.g.) (atgyfnerthiadau)
reject	gwrthod
rejection	gwrthodiad (e.g.)
relationship	perthynas(e.b.)(perthnasau); cyswllt(e.g.) (cysylltiadau)
relaxation therapy	therapi ymlacio (e.b.)
remand centre	canolfan gadw (e.b.) (canolfannau cadw)
rent officer	swyddog rhenti (e.g.) (swyddogion rhenti)
rent tribunal	tribiwnlys rhenti (e.g.) (tribiwnlysoedd rhenti)
reparation	iawn (e.g.)
reporting officer	swyddog cofnodi (e.g.) (swyddogion cofnodi)
repress	mygu teimladau
repression	mygu teimladau
requirements	anghenion
re-referral	ailgyfeiriad (e.g.) (ailgyfeiriadau)
research	ymchwil (e.g.)
resettlement team	tîm ailsefydlu (e.g.) (timau ailsefydlu)
residential	preswyl
residential care	gofal preswyl (e.g.)

residential care home	cartref gofal preswyl (e.g.) (cartrefi gofal preswyl)
residential social work	gwaith cymdeithasol preswyl(e.g.)
resolution of assumption of parental rights	penderfyniad i ymgymryd â hawliau rhieni (e.g.) (penderfyniadau i ymgymryd â hawliau rhieni)
resource centre	canolfan adnoddau (e.b.) (canolfannau adnoddau)
resources	adnoddau
respite care	gofal seibiant (e.g.)
response	ymateb (e.g.)(-ion)
Responsible Medical Officer	Swyddog Meddygol Cyfrifol
restitution order	gorchymyn gwneud iawn(e.g.) (gorchmynion gwneud iawn)
restless	aflonydd
restricted mobility	medru symud ychydig
retardation retarded	arafwch (e.g.) araf
retirement age	oed ymddeol (e.g.)
Retirement Pension	Pensiwn Ymddeol (e.g.)
review	adolygiad (e.g.)(-au)
review committee on child abuse	pwyllgor adolygu cam-drin plant (e.g.) (pwllgorau adolygu cam-drin plant)
revocation	dirymiad (e.g.); gwrthodiad (e.g.)
revoke	dirymu
reward	gwobr(e.b.)(-au)
right of entry	hawl mynediad (e.b.)
risk	perygl (e.g.)(-on)

rivalry	cystadleuaeth (e.g.) (cystadlaethau)
role	rhan (e.b.)(rhannau) / patrwm ymddwyn (e.g.) (patrymau ymddwyn)
role conflict	gwrthdaro patrymau ymddwyn (e.g.)
role model	patrwm ymddwyn (e.g.) (patrymau ymddwyn)
role play	chwarae rhan

S

safety net	rhwyd arbed (e.b.) (rhwydi arbed)
satisfaction	boddhad (e.g.)
satisfying	boddhaol
scapegoat	bwch dihangol (e.g.) (bychod dihangol)
schedule one offence	trosedd rhestr un (e.g.) (troseddau rhestr un)
schizophrenia	sgitsoffrenia (e.g.)
school health service	gwasanaeth iechyd ysgolion (e.g.)
school leaving age	oedran gadael ysgol (e.g.)
school meals	prydau ysgolion
school nurse	nyrs ysgol (e.b.) (nyrsus ysgol)
school refusal	gwrthod mynd i'r ysgol
search warrant	gwarant chwilota (e.b.) (gwarantau chwilota)
secondary school	ysgol uwchradd (e.b.) (ysgolion uwchradd)
sectorization	sectoreiddio

secure accommodation	llety cadw (e.g.) (lletyau cadw)
security of tenure	sicrwydd daliadaeth (e.g.)
sedative	sedatif (e.g.)(sedatifau)
segregation	cadw ar wahân
self	hunan (e.g.)
self-adjustment	ymaddasiad (e.g.)
self-awareness	hunanymwybyddiaeth (e.b.)
self-confidence	hunan-hyder (e.g.)
self-conscious	hunanymwybodol
self-contained	hunan-gynhaliol
self-control	hunanreolaeth (e.b.)
self-controlled	hunanfeddiannol
self-denial	hunanymwadiad (e.g.)
self-employed	hunan-gyflogedig
self-esteem	hunan-barch (e.g.)
self-evaluation	hunan-werthusiad (e.g.)
self-examination	hunan-ymholiad (e.g.)
self-gratification	hunan-foddhad (e.g.)
self-help group	grŵp helpu ei gilydd (e.g.) (grwpiau helpu ei gilydd)
selfhood	hunaniaeth (e.b.)
self-image	hunanddelwedd (e.b.) (hunanddelweddau)
self-love	hunan-garwch (e.g.)
self-presentation	hunan-gyflwyniad (e.g.)
self-referral	cais drosto ei hun (e.g.)
senile dementia	dryswch heneiddio (e.g.)
senior officer	uwchswyddog (e.g.) (uwchswyddogion)

senior probation officer	uwchswyddog prawf (e.g.) (uwchswyddogion prawf)
senior social worker	uwchweithiwr cymdeithasol (e.g.) (uwchweithwyr cymdeithasol)
sense	synnwyr (e.g.)(synhwyrau)
sensitivity	sensitifrwydd (e.g.)
separation	gwahaniad (e.g.) (gwahaniadau)
separation anxiety	pryder gwahanu
separation order	gorchymyn gwahanu (e.g.) (gorchmynion gwananu)
service delivery	rhoi gwasanaeth
service provision	darpariaeth gwasanaeth(e.b.)
Severe Disablement Allowance	Lwfans Anabledd Difrifol (e.g.)
severe disability premium	premiwm anabledd difrifol (e.g.) (premiymau anabledd drifrifol)
severe subnormality	is-normalrwydd difrifol(e.g.)
severe weather payment	taliad tywydd garw (e.g.) (taliadau tywydd garw)
sex	rhyw (e.b.)(-iau)
sex education	addysg ryw (e.b.)
sexist	rhywiaethol
sexual	rhywiol
sexual abuse	camdriniaeth rywiol (e.b.) (camdriniaethau rhywiol)
sexual discrimination	gwahaniaethu ar sail rhyw
sexual dysfunction	diffyg rhywiol (e.g.)
sexual intercourse	cyfathrach rywiol (e.b.)
Sexual Offences Act	Deddf Troseddau Rhywiol(e.b.)
sheltered employment	gwaith lloches (e.g.)

sheltered housing	cartrefi lloches
sheltered workshop	gweithdy lloches (e.g.) (gweithdai lloches)
short cane	ffon fer (e.b.) (ffyn byrion)
shortfall	diffyg (e.g.) (diffygion)
short-stay bed	gwely dros dro (e.g.) (gwelyau dros dro)
sibling	brawd <u>neu</u> chwaer (brodyr <u>neu</u> chwiorydd)
Sickness Benefit	Budd-dal Salwch (e.g.)
side-effect	sgîl-effaith (e.g.) (sgîl-effeithiau)
significance	arwyddocâd (e.g.)
significant	arwyddocaol
single parent premium	premiwm rhiant sengl (e.g.) (premiymau rhiant sengl)
single payment	un taliad (e.g.)
sister	chwaer (e.b.) (chwiorydd)
social administration	gweinyddiaeth gymdeithasol (e.b.)
social assessment	asesiad cymdeithasol (e.g.) (asesiadau cymdeithasol)
social class	dosbarth cymdeithasol (e.g.) (dosbarthiadau cymdeithasol)
social club	clwb cymdeithasol (e.g.) (clybiau cymdeithasol)
social control	rheolaeth gymdeithasol(e.b.)
social deprivation	amddifadiad cymdeithasol (e.g.) (amddifadiadau cymdeithasol)
Social Fund	Y Gronfa Gymdeithasol (e.b.)

social fund inspector	arolygwr y gronfa gymdeithasol (e.g.) (arolygwyr y gronfa gymdeithasol)
social history report	adroddiad hanes cymdeithasol (e.g.) (adroddiadau hanes cymdeithasol)
social inquiry report	adroddiad ymchwiliad cymdeithasol (e.g.) (adroddiadau ymchwiliad cymdeithasol)
social mobility	dod i lawr yn y byd <u>neu</u> dod yn ei flaen yn y byd
social norm	norm cymdeithasol (e.g.) (normau cymdeithasol)
social policy	polisi cymdeithasol (e.g.) (polisiau cymdeithasol)
social security appeal tribunal	tribiwnlys apêl nawdd cymdeithasol (e.g.) (tribiwnlysoedd apêl nawdd cymdeithasol)
Social Security Commission	Comisiwn Nawdd Cymdeithasol (e.g.)
social services department	adran gwasanaethau cymdeithasol (e.b.) (adrannau gwasanaethau cymdeithasol)
Social Services Inspectorate	Arolygiaeth Gwasanaethau Cymdeithasol (e.b.)
social skills	medrau cymdeithasol
social status	statws cymdeithasol(e.g.)
social structure	ffurfiant cymdeithasol(e.g.)
social support	cefnogaeth gymdeithasol(e.b.)
social treatment	triniaeth gymdeithasol(e.b.) (triniaethau cymdeithasol)
social work	gwaith cymdeithasol (e.g.)
social worker	gweithiwr cymdeithasol (e.g.) (gweithwyr cymdeithasol)
socialisation	cymdeithasoli

socially deprived	wedi ei amddifadu'n gymdeithasol
socially isolated	yn cadw iddo'i hun; yn cael ei anwybyddu
society	cymdeithas (e.b.)(-au)
soft drug	cyffur ysgafn (e.g.) (cyffuriau ysgafn)
solvent	toddyn (e.g.)(toddynion)
solvent abuse	camddefnyddio toddynion
special care	gofal arbennig (e.g.)
special care baby unit	uned gofal arbennig i fabanod (e.b.) (unedau gofal arbennig i fabanod)
special diet	bwyd arbennig
special hospital	ysbyty arbennig (e.g.) (ysbytai arbennig)
special school	ysgol arbennig (e.g.) (ysgolion arbennig)
specialist	arbenigwr (e.g.) (arbenigwyr)
specialization	arbenigaeth (e.b.)(-au)
speech therapist	therapydd lleferydd (e.g.) (therapyddion lleferydd)
speech therapy	therapi lleferydd (e.g.)
squatter	sgwatiwr (e.g.)(sgwatwyr)
stability	sefydlogrwydd (e.g.)
stable	sefydlog
stair lift	lifft grisiau (e.g.) (lifftiau grisiau)
State Earnings Related Pension Scheme	Cynllun Pensiwn Gwladol yn ôl Enillion (e.g.)
State Maternity Allowance	Lwfans Mamolaeth Gwladol (e.g.)

State Maternity Pay	Tâl Mamolaeth Gwladol(e.g.)
statement	datganiad (e.g.) (-au)
statutory	statudol
statutory review	adolygiad statudol (e.g.) (adolygiadau stutudol)
Statutory Sick Pay	Tâl Salwch Statudol (e.g.)
statutory visit	ymweliad statudol (e.g.) (ymweliadau statudol)
stepbrother/halfbrother	llysfrawd (e.g.) (llysfrodyr) / hanner brawd (e.g.) (hanner brodyr)
stepdaughter	llysferch (e.b.) (llysferched)
stepfather	llysdad (e.g.) (llysdadau)
stepmother	llysfam (e.b.) (llysfamau) / mam wen
stepsister/halfsister	llyschwaer (e.b.) (llyschwiorydd) / hanner chwaer (e.b.) (hanner chwiorydd)
stepson	llysfab (e.g.) (llysfeibion)
stigma	gwarthnod (e.g.)(-au)
stigmatization	gwarthnodaeth
still-born	marw-anedig
stimulant	swmbwl (e.g.)(symbylau)
stipendiary magistrate	ynad cyflog (e.g.) (ynadon cyflog)
stocking aid	cymorth gwisgo sanau (e.g.) (cymhorthau gwisgo sanau)
strategy	strategaeth (e.b.)

street warden	warden stryd (e.g.) (wardeiniaid stryd)
stress	straen (e.g.)
stringency	llymder (e.g.)
stroke	strôc (e.b.)(strociau)
structure	ffurfiant (e.g.) (ffurfiannau) / fframwaith (e.g.)
study supervisor	arolygwr astudio (e.g.) (arolygwyr astudio)
subculture	is-ddiwylliant (e.g.) (is-ddiwylliannau)
subgroup	is-grwp (e.g.) (is-grwpiau)
sublet	is-osod
subnormal	is-normal
subsidy	cymhorthdal (e.g.) (cymorthdaliadau)
subsistence level	lefel gynhaliaeth (e.b.) (lefelau cynhaliaeth)
substantiate	profi
substitute	dirprwyo; dirprwy (e.g.) (dirprwyon)
subtenant	is-denant (e.g.) (is-denantiaid)
suicidal	hunan-ddinistriol
suicide	hunanladdiad (e.g.)
summary	crynodeb (e.g.)(-au)
superannuation	blwydd-dâl pensiwn (e.g.)
supervision	arolygiaeth (e.b.)
supervision order	gorchymyn goruchwylio (e.g.) (gorchmynion goruchwylio)
supervisor	arolygwr (e.g.) (arolygwyr)

Supplementary Benefit	Budd-dal Atodol (e.g.) (Budd-daliadau Atodol)
support	cefnogaeth (e.b.)
support group	grŵp cefnogi (e.g.) (grwpiau cefnogi)
support system	cyfundrefn gefnogi (e.b.) (cyfundrefnau cefnogi)
surrogate mother	mam fenthyg (e.b.) (mamau benthyg)
suspended sentence	dedfryd ohiriedig (e.b.) (dedfrydau gohiriedig)
symbolic play	chwarae symbolig (e.g.)
sympathy	cydymdeimlad (e.g.)
symptom	symptom (e.g.)(-au)
syringe	chwistrell (e.b.)(-au)
systems theory	theori systemau (e.b.)

T

T group	grŵp Tî (e.g.) (grwpiau Tî)
take-up rate	graddfa godi (e.b.) (graddfeydd codi) / graddfa dderbyn (e.b.) (graddfeydd derbyn)
talking books	llyfrau llafar
tap rail	rheilen dapiau (e.b.) (rheiliau tapiau)
tape recorder	recordydd tâp (e.g.) (recordyddion tâp)
tapturner	teclyn troi tap (e.g.) (taclau troi tap)
target	nod (e.g.)(-au)

target of intervention	nod ymyriad (e.g.) (nodau ymyriad)
task	tasg(e.b.)(-au); gorchwyl(e.b.g.)(-ion)
task centred practice	ymarfer yn ôl tasgau (e.g.)
teaching hospital	ysbyty hyfforddi (e.g.) (ysbytai hyfforddi)
team leader	arweinydd tîm (e.g.) (arweinyddion tîm)
team work	gwaith tîm (e.g.)
temperament	natur (e.b.)
tenant	tenant (e.g.)(-iaid)
tension	tyndra (e.g.)
terminal illness	afiechyd marwol (e.g.) (afiechydon marwol)/ salwch angheuol (e.g.)
testing out	rhoi ar brawf
therapeutic	therapiwtig
therapeutic abortion	erthyliad therapiwtig (e.g.) (erthyliadau therapiwtig)
therapeutic community	cymuned therapiwtig (e.b.) (cymunedau therapiwtig)
therapeutic earnings	enillion therapiwtig
therapist style	dull o wella (e.g.)
third party	trydydd person
tied house	tŷ clwm (e.g.) (tai clwm)
time limited	o fewn amser penodol
toilet rail	canllaw doiled (e.g.) (canllawiau toiled)
token	tocyn (e.g.)(-nau) / er mwyn sioe
token economy system	cyfundrefn docynnau (e.b.) (cyfundrefnau tocynnau)

142

tokenism	sioe wag (e.b.)
tolerance	goddefgarwch (e.g.)
tolerant	goddefgar
toy library	lle benthyg teganau (e.g.) (lleoedd benthyg teganau)
trainee	gŵr/gwraig dan hyfforddiant
trainer	hyfforddwr (e.g.) (hyfforddwyr)
training centre	canolfan hyfforddi (e.b.) (canolfannau hyfforddi)
training hospital	ysbyty hyfforddi (e.g.) (ysbytai hyfforddi)
trait	nodwedd (e.b.)(-ion)
tranquillizer	tawelyn (e.g.)(tawelion)
transactional analysis	dadansoddi trafodaethau
transference	trosglwyddiad (e.g.)(-au)
translation	cyfieithiad (e.g.)(-au)
trauma	trawma (e.g.)(trawmâu)
treatment	triniaeth (e.b.)(-au)
treatment plan	cynllun triniaeth (e.g.) (cynlluniau triniaeth)
tribunal	tribiwnlys (e.g.)(-oedd)
tripod walking aid	ffon drithroed (e.b.) (ffyn trithroed)
trust	ymddiriedaeth (e.b.); ymddiriedolaeth (e.b.) [cyfreithiol] (ymddiriedolaethau)
tumour	tyfiant (e.g.) (tyfiannau); tiwmor (e.g.)

U

unconscious	anymwybodol; yr isymwybod (e.g.)
underlying problem	problem sylfaenol (e.b.) (problemau sylfaenol)
unearned income	incwm heb ei ennill (e.g.)
unemployable	anghyflogadwy
unemployed	di-waith
Unemployment Benefit	Budd-dal Diweithdra (e.g.)
unitary	unedol
unitary method	y dull unedol (e.g.)
unlawful sexual intercourse	cyfathrach rywiol anghyfreithlon (e.b.)
unreasonable behaviour	ymddygiad afresymol (e.g.)
unskilled	di-sgil / di-fedr
unstable	ansad
upbringing	magwraeth (e.b.)
update	y diweddaraf (e.g.) / diweddaru
upper class	y dosbarth uchaf (e.g.)
urban aid	cymorth trefol (e.g.)
urgent needs payment	taliad anghenion brys(e.g.) (taliadau anghenion brys)

V

vaccine damage payments	taliadau niwed brechu
vagrant	crwydryn (e.g.) (crwydriaid)
value judge	gwerthfarnu
value judgement	gwerthfarn (e.b.)(-au)

values	gwerthoedd
variable	cyfnewidiol
venereal disease	clefyd gwenerol (e.g.) (clefydau gwenerol)
ventilate	gwyntyllu
ventilation	gwyntylliad (e.g.)
verbal	geiriol
verbal dyspraxia	dyspracsia lleferydd
verdict	dedfryd (e.b.)(-au)
verify	gwireddu
victim	goddefwr (e.g.) (goddefwyr)
victimize	erlid (unigolyn)
victimization	erledigaeth (e.b.)(-au) / erledigaeth ar unigolyn
videotape	tâp fideo (e.g.) (tapiau fideo)
videotape recorder	peiriant fideo (e.g.) (peiriannau fideo)
violence	trais (e.g.)
violent	treisgar
visiting officer	swyddog ymweld (e.g.) (swyddogion ymweld)
vocational guidance	cyfarwyddyd galwedigaethol(e.g.)
voluntary admission	derbyniad gwirfoddol (e.g.) (derbyniadau gwirfoddol)
voluntary care	gofal gwirfoddol (e.g.)
voluntary organisation	cymdeithas wirfoddol (e.b.) (cymdeithasau gwirfoddol)
voluntary patient	claf gwirfoddol (e.g.) (cleifion gwirfoddol)

voluntary society	cymdeithas wirfoddol (e.b.) (cymdeithasau gwirfoddol)
voluntary worker	gweithiwr gwirfoddol (e.g.) (gweithwyr gwirfoddol)
volunteer	gwirfoddolwr (e.g.) (gwirfoddolwyr)
vulnerable	hawdd ei frifo

W

waiting list	rhestr aros (e.b.) (rhestrau aros)
Wales Council for Voluntary Action	Cyngor Gweithredu Gwirfoddol Cymru (e.g.)
walking aid	cymorth cerdded (e.g.) (cymhorthion cerdded)
war pension	pensiwn rhyfel (e.g.) (pensiynau rhyfel)
ward	gward (e.g.) (-iau)
wardship	gwarchodaeth (e.b.)
warden	warden (e.g.)(wardeiniaid)
warden controlled accommodation	llety dan reolaeth warden (e.g.)
warrant	gwarant (e.b.)(-au)
waterproof sheet	cynfas sy'n dal dŵr (e.g.) (cynfasau sy'n dal dŵr)
wean	diddyfnu
welfare	lles (e.g.)
welfare foods	bwydydd lles
welfare rights	hawliau lles
welfare state	gwladwriaeth les (e.b.)
Welsh Language Act 1967	Deddf yr Iaith Gymraeg 1967 (e.b.)

Welsh Office	Y Swyddfa Gymreig (e.b.)
Welsh Women's Aid	Cymorth i Fenywod yng Nghymru
wheelchair	cadair olwyn (e.b.) (cadeiriau olwyn)
white lie	celwydd golau (e.g.) (celwyddau golau)
Widows' Allowance	Lwfans Gwragedd Gweddwon (e.g.)
Widows' Benefits	Budd-daliadau Gwragedd Gweddwon
Widows' Pension	Pensiwn Gwragedd Gweddwon (e.g.)
Widowed Mother's Allowance	Lwfans Mam Weddw (e.g.)
winter let	gosodiad am y gaeaf (e.g.) (gosodiadau am y gaeaf)
winter letting	gosod am y gaeaf
withdrawal symptom	symptom diddyfnu (e.g.) (symptomau diddyfnu)/ symptom encilio (e.g.) (symptomau encilio)
working class	dosbarth gweithiol (e.g.)
Workmen's Compensation	Iawndal Gweithiwr (e.g.)
workshop	gweithdy (e.g.) (gweithdai)
wrong [legal]	tramgwydd (e.g.) (tramgwyddau)[cyfreithiol]

Y

young offender	troseddwr ifanc (e.g.) (troseddwyr ifainc)
young person	person ifanc (e.g.) (pobl ifainc)
youth club	clwb pobl ifainc (e.g.) (clybiau pobl ifainc)

youth custody	cadwraeth pobl ifainc (e.b.)
youth custody centre	canolfan gadwraeth pobl ifainc (e.b.) (canolfannau cadwraeth pobl ifainc)
youth custody licence	trwydded gadwraeth pobl ifainc (e.b.) (trwyddedau cadwraeth pobl ifainc)
youth employment service	gwasanaeth cyflogi ieuenctid (e.g.)
youth service	gwasanaeth ieuenctid (e.g.)
Youth Training Scheme	Cynllun Hyfforddi Ieuenctid (e.g.)
youth work	gwaith ieuenctid (e.g.)

******

British Library Cataloguing in Publication Data

1. Welfare Work

361.3

ISBN 0-7083-1026-5